Introduction au Trading : volume 1

Jess GD

Aperçu du marché Forex, Crypto et la bourse

Terminologie

Les types de bougies

Les figures chartistes

Les supports et les résistances

#1

ISBN : 9798862561555

DÉDICACE

Découvrez le monde fascinant du trading financier à travers ce premier volume captivant. Que vous soyez novice ou expérimenté, cet ebook constitue une ressource inestimable pour ceux qui souhaitent apprendre les bases du trading sur les marchés financiers tels que le forex, les crypto-monnaies et les actions.

Dans ce premier volet, vous serez initié à la terminologie essentielle du trading. Nous démystifierons les termes techniques souvent complexes, vous permettant ainsi de vous familiariser avec le vocabulaire spécifique utilisé par les traders professionnels. Grâce à cette compréhension approfondie, vous gagnerez en confiance et serez en mesure de naviguer plus efficacement dans l'univers du trading.

En outre, cet ebook vous présentera 11 figures chartistes, ces motifs graphiques qui se forment sur les graphiques de prix. Vous apprendrez à les identifier et à les interpréter, ce qui vous donnera un avantage significatif dans la prise de décisions éclairées lors de vos transactions. Qu'il s'agisse de triangles, de têtes et d'épaules, de doubles sommets ou de toute autre configuration, vous apprendrez à reconnaître ces signaux visuels clés pour améliorer votre capacité à anticiper les mouvements du marché.

Ce volume 1 est conçu comme une base solide pour votre parcours dans le monde du trading. Il vous offre les connaissances fondamentales nécessaires pour comprendre les mécanismes du marché financier et vous prépare à aborder les volumes suivants qui approfondiront d'autres aspects du trading.

Que vous soyez un trader débutant cherchant à acquérir les bases ou un trader chevronné souhaitant consolider ses connaissances, cet ebook est un outil précieux qui vous aidera à atteindre vos objectifs financiers. Plongez dans l'univers passionnant du trading avec ce premier volume et préparez-vous à devenir un trader averti et confiant.

TABLE DES MATIÈRES

REMERCIEMENTS

Chers amis, chers collègues et chers clients,

Je tiens aujourd'hui à prendre un moment pour exprimer ma profonde gratitude à tous ceux qui m'ont soutenu dans le lancement de mon livre sur le trading. Votre soutien a été inestimable et a joué un rôle essentiel dans la concrétisation de ce projet.

Tout d'abord, je souhaite remercier chaleureusement la compagnie Eaconomy pour sa collaboration précieuse. Leur expertise et leur engagement envers l'éducation financière ont été d'une valeur inestimable pour moi. Leur soutien constant et leurs ressources ont grandement contribué à la réalisation de ce livre. Je suis honoré de faire partie de cette équipe et de pouvoir travailler avec des professionnels aussi dévoués et compétents.

Ensuite, je tiens à exprimer ma profonde gratitude envers tous les clients qui ont acheté mon livre de trading. Votre confiance en moi et en mes connaissances est un véritable moteur qui me pousse à continuer à partager mes idées et mes expériences. J'espère sincèrement que ce livre vous apportera des connaissances précieuses et vous aidera à atteindre vos objectifs financiers.

Enfin, je souhaite adresser mes remerciements les plus sincères à tous ceux qui m'ont soutenu personnellement dans cette aventure. Vos encouragements, vos conseils et votre soutien indéfectible m'ont donné la motivation nécessaire pour surmonter les obstacles et faire de ce livre une réalité. Je suis profondément reconnaissant d'avoir une telle équipe autour de moi.

Ce livre est le fruit de nombreuses heures de travail, de recherche et de dévouement. Sans vous tous, il ne serait jamais devenu une réalité. Votre soutien continu me donne la certitude que je suis sur la bonne voie et me pousse à continuer à explorer et à partager mes connaissances dans le domaine du trading.

Merci encore à chacun d'entre vous pour votre soutien précieux. Je suis honoré et reconnaissant de faire partie d'une communauté aussi solidaire et bienveillante. Continuez à suivre votre passion et à poursuivre vos rêves, car ensemble, nous pouvons accomplir de grandes choses.

Avec toute ma gratitude,

Jess GD

1 APERÇU DU MARCHÉ FOREX, CRYPTO ET LA BOURSE

Le marché financier est un système complexe, les participants peuvent acheter, vendre et spéculer sur différents actifs.

Trois principaux marchés vers lesquels les traders se tournent.
-       Le marché des devises (Forex),
-       Les crypto-monnaies (Crypto)
-       Le marché boursier.
Chacun de ces marchés possède des caractéristiques uniques et offre diverses opportunités aux clients.

Ce chapitre donne un aperçu de ces trois marchés et en soulignant leurs principales caractéristiques.

Le Forex
Le Forex, également connu sous le nom de marché des changes, est un marché financier mondial où les devises sont échangées. Le terme "Forex" est une contraction de "Foreign Exchange" qui signifie "échange de devises" en français.

Le Forex est le marché le plus vaste et le plus liquide au monde, avec un volume quotidien d'échanges atteignant des billions de dollars. Les participants au marché comprennent les banques, les institutions financières, les sociétés multinationales, les traders individuels et les investisseurs.

L'objectif principal du Forex est de faciliter le commerce et les investissements internationaux en permettant la conversion des devises. Par exemple, une entreprise américaine qui souhaite importer des produits d'Europe devra convertir des dollars américains en euros pour effectuer le paiement. C'est là que le marché des changes intervient en fournissant un lieu où ces transactions de change peuvent avoir lieu.

Les opérations sur le Forex se font par paires de devises, telles que l'euro/dollar américain (EUR/USD) ou la livre sterling/yen japonais (GBP/JPY). Chaque paire de devises est cotée avec un taux de change qui représente la valeur d'une devise par rapport à une autre. Les taux de change fluctuent constamment en raison de facteurs tels que les conditions économiques, les politiques monétaires, les événements géopolitiques et les anticipations du marché.

Les participants au marché Forex peuvent réaliser des profits en spéculant sur les mouvements des taux de change. Par exemple, un trader peut acheter une paire de devises s'il anticipe une appréciation de la valeur de la première devise par rapport à la seconde.

Le Forex offre également la possibilité d'utiliser l'effet de levier, ce qui signifie que les traders peuvent négocier des montants plus importants que leur capital initial. Cela peut amplifier les profits potentiels, mais comporte également des risques accrus.

En résumé, le Forex est le marché mondial des changes où les devises sont échangées. Il permet aux participants d'acheter, de vendre et de spéculer sur les taux de change, offrant ainsi des opportunités de profit, mais également des risques.

La Cryptomonnaie

La cryptomonnaie est une forme de monnaie numérique basée sur la technologie de la cryptographie. Contrairement aux monnaies traditionnelles émises par les gouvernements, les cryptomonnaies sont généralement décentralisées et fonctionnent sur des réseaux informatiques décentralisés appelés blockchains.

Une cryptomonnaie utilise des techniques de cryptographie avancées pour sécuriser les transactions et contrôler la création de nouvelles unités. Elle repose sur des algorithmes mathématiques complexes qui régissent la création, la distribution, et la vérification des transactions effectuées avec cette monnaie.

La première et la plus connue des cryptomonnaies est le Bitcoin, qui a été créé en 2009 par une personne (ou un groupe de personnes) se faisant connaître sous le pseudonyme de Satoshi Nakamoto. Depuis lors, de nombreuses autres cryptomonnaies ont été développées, chacune avec ses propres caractéristiques et applications.

Les cryptomonnaies sont généralement stockées dans des portefeuilles numériques sécurisés, qui permettent aux utilisateurs d'envoyer, de recevoir et de gérer leurs avoirs. Les transactions de cryptomonnaie sont enregistrées de manière transparente sur la blockchain, ce qui permet une traçabilité et une vérifiabilité des transactions sans dépendre d'une autorité centrale.

L'une des caractéristiques clés des cryptomonnaies est leur nature décentralisée. Elles ne sont pas contrôlées par une autorité centrale telle qu'une banque ou un gouvernement, ce qui signifie qu'elles ne sont pas soumises aux politiques monétaires et aux réglementations traditionnelles. Cela permet une plus grande liberté et autonomie dans les transactions financières, mais peut également présenter des défis en termes de volatilité des prix et de sécurité.

Le travail d'un trader de cryptomonnaie consiste à analyser les graphiques et les tendances des prix, à identifier les opportunités d'achat ou de vente, et à prendre des décisions éclairées concernant les transactions. Les traders peuvent utiliser des outils d'analyse technique, tels que les indicateurs de prix et les modèles de graphiques, ainsi que des informations fondamentales sur les cryptomonnaies et les événements qui pourraient influencer leurs prix.

Les traders de cryptomonnaie peuvent adopter différentes approches en fonction de leurs objectifs et de leur tolérance au risque. Certains traders se concentrent sur le day trading, où ils effectuent des transactions à court terme en exploitant les petites variations de prix tout au long de la journée. D'autres traders adoptent une approche à plus long terme, cherchant à profiter des tendances à long terme des cryptomonnaies.

Il est important de noter que le trading de cryptomonnaie comporte des risques significatifs. Les prix des cryptomonnaies sont connus pour leur volatilité élevée, ce qui signifie que les variations de prix peuvent être rapides et importantes. De plus, les marchés des cryptomonnaies sont relativement nouveaux et moins réglementés que les marchés traditionnels, ce qui peut augmenter les risques associés à la sécurité et à la manipulation des prix.

Le marché boursier

Le marché boursier, également connu sous le nom de marché des actions ou marché des valeurs mobilières, est un marché financier où les actions et autres instruments financiers sont achetés et vendus. Il s'agit d'un lieu de rencontre virtuel ou physique où les investisseurs et les traders peuvent échanger des titres émis par des sociétés cotées en bourse.

Le marché boursier permet aux entreprises d'émettre des actions (ou des parts de propriété) afin de lever des capitaux pour financer leurs activités, leur croissance et leurs projets. Les investisseurs, quant à eux, peuvent acheter ces actions pour devenir propriétaires d'une partie de l'entreprise et potentiellement bénéficier de la croissance de sa valeur et des dividendes distribués.

Le fonctionnement du marché boursier repose sur le principe de l'offre et de la demande. Lorsqu'il y a une demande élevée pour une action, son prix a tendance à augmenter. À l'inverse, lorsque l'offre est supérieure à la demande, le prix a tendance à diminuer. Les fluctuations des prix des actions peuvent être influencées par des facteurs tels que la performance financière de l'entreprise, les événements économiques, les nouvelles du secteur, les politiques gouvernementales, etc.

Les échanges sur le marché boursier peuvent avoir lieu sur des bourses centralisées, telles que le New York Stock Exchange (NYSE) aux États-Unis, le London Stock Exchange (LSE) au Royaume-Uni, ou des plateformes de négociation électroniques, également appelées marchés boursiers électroniques.

Les investisseurs peuvent participer au marché boursier de différentes manières. Certains investisseurs préfèrent une approche à long terme, achetant des actions dans des entreprises solides avec l'intention de les conserver pendant une période prolongée pour profiter de la croissance à long terme. D'autres investisseurs adoptent une approche plus active en effectuant des transactions plus fréquentes, cherchant à profiter des fluctuations à court terme des prix des actions.

Il est important de noter que le marché boursier comporte des risques inhérents. Les prix des actions peuvent être volatils et soumis à des mouvements imprévisibles. De plus, investir en bourse comporte des risques de perte en capital. Il est donc essentiel pour les investisseurs et trader de faire des recherches approfondies, de diversifier leur portefeuille et d'avoir une stratégie d'investissement claire avant de participer au marché boursier.

Conclusion

En conclusion, le Forex, la cryptomonnaie et le marché boursier sont tous des marchés financiers où des actifs sont échangés. Chacun de ces marchés a ses propres caractéristiques et spécificités.

Le Forex, marché des changes, permet aux investisseurs et aux traders de négocier des devises étrangères. Il est le plus vaste et le plus liquide des marchés financiers, offrant de nombreuses opportunités de trading. Les fluctuations des taux de change sont influencées par des facteurs économiques, politiques et géopolitiques.

La cryptomonnaie est une forme de monnaie numérique basée sur la technologie de la blockchain. Elle est décentralisée et utilise la cryptographie pour sécuriser les transactions. Les cryptomonnaies comme le Bitcoin ont suscité un intérêt croissant en tant qu'investissement potentiel, mais elles comportent également des risques élevés en raison de leur volatilité et de la nature moins réglementée du marché.

Le marché boursier est un marché où les actions et autres instruments financiers sont échangés. Il permet aux entreprises d'émettre des actions pour lever des capitaux, tandis que les investisseurs peuvent acheter ces actions pour devenir propriétaires d'une partie de l'entreprise. Le marché boursier est influencé par de nombreux facteurs, tels que les performances financières des entreprises, les nouvelles économiques et les politiques gouvernementales.

Dans tous ces marchés, il est important pour les investisseurs et les traders d'avoir une compréhension solide des mécanismes du marché, d'effectuer des recherches approfondies et de mettre en place des stratégies d'investissement ou de trading bien réfléchies. Il est également crucial de gérer les risques de manière appropriée et de rester informé des évolutions du marché.

Que vous choisissiez de vous impliquer dans le Forex, la cryptomonnaie ou le marché boursier, il est essentiel de développer des connaissances et des compétences solides pour maximiser vos chances de réussite et pour prendre des décisions éclairées en fonction de vos objectifs et de votre tolérance au risque.

2 TERMINOLOGIE DU FOREX : PIPS, LOTS, LEVIERS, MARGES, LONG/SHORT, PAIRES

Voici quelques termes essentiels que vous devez connaître pour comprendre le fonctionnement du Forex :

1. Pips :
Le pip est l'unité de mesure de base utilisée pour exprimer les variations de prix sur le marché des changes. Il représente la plus petite variation possible du prix d'une paire de devises. Dans la plupart des devises majeures, un pip est équivalent à 0,0001 de la valeur de la devise.

2. Lots :
Un lot est une unité de mesure standardisée utilisée pour quantifier la taille d'une transaction sur le marché des changes. Il existe trois types de lots : le lot standard (100 000 & + unités de la devise de base), le mini-lot (10 000 & + unités) et le micro-lot (1 000 unités). Les lots permettent de contrôler la taille de la position que vous prenez sur le marché.

3. Levier :
Le levier est un outil qui permet aux traders de prendre des positions plus importantes que leurs capitaux propres. Il vous permet d'emprunter des fonds auprès de votre courtier pour augmenter votre exposition sur le marché. Par exemple, avec un effet de levier de 1:100, vous pouvez contrôler une position de 100 000 dollars avec seulement 1 000 dollars de capital.

4. Marges :
La marge est le montant de capital requis pour ouvrir et maintenir une position sur le marché des changes. Elle est généralement exprimée en pourcentage. Par exemple, si vous avez besoin d'une marge de 1% pour ouvrir une position de 100 000 dollars, vous devrez déposer 1 000 dollars de capital.

5. Long/Short :
Lorsque vous prenez une position longue (ouverture d'une position à l'achat), vous pariez sur la hausse du prix d'une paire de devises. En revanche, lorsque vous prenez une position courte (ouverture d'une position à la vente), vous pariez sur la baisse du prix d'une paire de devises. Le trading Forex permet de tirer profit des mouvements haussiers et baissiers du marché.

6. Paires de devises :
Les paires de devises sont les instruments de base du trading Forex. Elles représentent la valeur relative d'une devise par rapport à une autre. Les paires de devises sont généralement notées sous la forme "devise de base/devise de contrepartie". Par exemple, dans la paire EUR/USD, l'euro est la devise de base et le dollar américain est la devise de contrepartie.

En comprenant ces termes essentiels du Forex, vous serez en mesure de mieux appréhender les mécanismes et les opportunités offertes par ce marché financier. Cependant, il est important de noter que le trading sur le Forex comporte des risques importants, et il est recommandé de se former et de comprendre les stratégies avant de s'engager dans des transactions réelles.

En conclusion, le Forex est un marché financier mondial où les devises sont échangées. Il est important de comprendre les termes clés tels que les pips, les lots, les leviers, les marges, les positions longues/short et les paires de devises pour pouvoir participer au trading sur le Forex. Cependant, il est essentiel de noter que le trading sur le Forex comporte des risques importants et qu'une formation appropriée et une compréhension approfondie sont nécessaires pour s'engager dans des transactions rentables. Il est conseillé de consulter des professionnels ou de suivre des formations spécialisées avant de s'engager dans le trading sur le Forex.

3 TERMINOLOGIE DU MARCHÉ CRYPTO COMPRENNENT LA BLOCKCHAIN, LES TOKENS, LES WALLETS (PORTEFEUILLES) ET LES CLÉS.

Voici une brève explication de chacun de ces éléments :

1.   Blockchain :
La blockchain est une technologie de registre distribué qui enregistre et vérifie de manière transparente les transactions effectuées sur un réseau. Elle repose sur un réseau décentralisé d'ordinateurs appelés nœuds, qui valident et enregistrent les transactions dans des blocs. Chaque bloc est ensuite relié aux blocs précédents, formant ainsi une chaîne de blocs (la blockchain). La blockchain est la base fondamentale des cryptomonnaies, car elle permet de garantir la sécurité, la transparence et l'immutabilité des transactions.

2.   Tokens :
Les tokens sont des actifs numériques émis sur une blockchain. Ils peuvent représenter diverses choses, telles que des cryptomonnaies, des droits de propriété, des actifs numériques ou même des droits d'accès à des services. Les tokens peuvent être échangés, transférés ou utilisés comme moyen de paiement sur des réseaux spécifiques. Les tokens les plus connus sont les cryptomonnaies comme le Bitcoin (BTC) et l'Ethereum (ETH), mais il existe également de nombreux autres tokens spécifiques à certaines plateformes ou projets.

3.   Wallets (portefeuilles) :
Les wallets, également appelés portefeuilles, sont des applications ou des dispositifs utilisés pour stocker, gérer et sécuriser les clés privées nécessaires à l'accès et à la gestion des cryptomonnaies. Les wallets peuvent être de différents types, tels que des wallets logiciels (applications mobiles ou de bureau), des wallets matériels (appareils physiques dédiés) ou des wallets en ligne (stockés sur des serveurs distants). Les wallets permettent aux utilisateurs d'envoyer, de recevoir et de stocker leurs cryptomonnaies de manière sécurisée.

4.   Clés :
Les clés sont des informations cryptographiques utilisées pour accéder et gérer les cryptomonnaies. Il y a deux types de clés principales dans le contexte des cryptomonnaies : les clés privées et les clés publiques. Une clé privée est une chaîne de caractères secrète qui permet de signer des transactions et d'accéder aux fonds d'un wallet. Une clé publique est dérivée de la clé privée et peut être partagée publiquement. Elle est utilisée pour recevoir des fonds et vérifier les signatures des transactions. Les clés doivent être gardées en sécurité, car la perte d'une clé privée peut entraîner la perte définitive des fonds associés.

Ces éléments sont essentiels pour comprendre et participer au marché des cryptomonnaies. Il convient de noter que le marché crypto est complexe et en constante évolution, et il est important de se renseigner et de prendre des précautions lors de l'investissement ou de l'utilisation de cryptomonna

En conclusion, la compréhension des éléments essentiels du marché crypto, tels que la blockchain, les tokens, les wallets et les clés, est cruciale pour naviguer dans cet espace en constante évolution. La blockchain forme la base de la technologie crypto en garantissant la sécurité et la transparence des transactions. Les tokens sont des actifs numériques émis sur la blockchain et peuvent représenter différents types de valeur. Les wallets sont des applications ou des dispositifs utilisés pour stocker et gérer les clés privées nécessaires à l'accès aux cryptomonnaies. Les clés, à la fois privées et publiques, sont utilisées pour sécuriser et gérer les transactions.

Il est important de noter que le marché crypto peut être complexe et volatile, et il est essentiel de faire preuve de prudence lors de l'investissement ou de l'utilisation des cryptomonnaies. Il est recommandé de faire des recherches approfondies, de comprendre les risques associés et de consulter des sources d'informations fiables avant de prendre des décisions dans ce domaine.

4 TERMINOLOGIE DU MARCHÉ BOURSIER COMPRENNENT PLUSIEURS CONCEPTS CLÉS, TELS QUE LES ACTIONS, LES DIVIDENDES, LES CAPITAUX, LES INDICES ET LES SECTEURS.

Voici une brève explication de chacun de ces éléments :

1. Actions :

Les actions représentent la propriété partielle d'une entreprise. Lorsque vous achetez des actions d'une entreprise, vous devenez propriétaire d'une partie de cette entreprise, ce qui vous confère certains droits, tels que le droit de vote lors des assemblées générales des actionnaires et le droit de participer aux bénéfices de l'entreprise.

2. Dividendes :

Les dividendes sont des paiements périodiques effectués par une entreprise à ses actionnaires. Ils proviennent généralement des bénéfices réalisés par l'entreprise. Les dividendes peuvent être versés sous forme de cash, de actions supplémentaires ou d'autres formes de rémunération.

3. Capitaux :

Les capitaux font référence aux montants investis dans une entreprise par les actionnaires. Lorsque vous achetez des actions, vous investissez votre capital dans cette entreprise. Les capitaux peuvent également faire référence aux fonds propres d'une entreprise, qui sont le résultat de la différence entre ses actifs et ses passifs.

4. Indices :

Les indices boursiers sont des mesures statistiques utilisées pour représenter la performance globale d'un marché boursier ou d'un segment spécifique de ce marché. Ils sont calculés en agrégeant les performances des actions individuelles qui composent l'indice. Les indices boursiers sont souvent utilisés comme références pour évaluer la performance des portefeuilles d'investissement et du marché dans son ensemble.

5. Secteurs :

Les secteurs font référence aux différentes industries ou catégories d'entreprises présentes sur le marché boursier. Les secteurs peuvent inclure des industries telles que la technologie, la santé, l'énergie, les services financiers, etc. Les actions sont souvent regroupées en fonction de leur secteur, ce qui permet aux investisseurs de suivre et d'analyser la performance des industries spécifiques.

Il est important de noter que le marché boursier est complexe et comporte de nombreux autres aspects et concepts importants. Ces éléments essentiels fournissent cependant une base solide pour comprendre le fonctionnement du marché boursier et ses principaux acteurs.

En conclusion, les essentiels du marché boursier comprennent les actions, les dividendes, les capitaux, les indices et les secteurs. Comprendre ces concepts clés est crucial pour les investisseurs et les participants au marché, car ils fournissent une base pour comprendre et évaluer la performance des entreprises, des portefeuilles et du marché dans son ensemble. Cependant, il est important de noter que le marché boursier est complexe et qu'il existe de nombreux autres facteurs et aspects à considérer lors de la prise de décisions d'investissement. Il est donc recommandé de faire des recherches approfondies, de consulter des professionnels de l'investissement et de suivre les actualités financières pour prendre des décisions éclairées sur le marché boursier.

5 LES TYPES DE BOUGIES

Les bougies japonaises sont un outil d'analyse technique utilisé pour représenter graphiquement les mouvements de prix d'un actif financier sur une période donnée. Chaque bougie japonaise est composée de plusieurs éléments clés : le prix d'ouverture, le prix de clôture, le plus haut et le plus bas de la période.

Il existe plusieurs types de bougies japonaises qui peuvent fournir des informations sur la dynamique du marché et aider les traders à prendre des décisions d'achat ou de vente.

Cependant, il est important de prendre en compte d'autres facteurs et de confirmer la signification de la bougie par d'autres indicateurs techniques ou modèles de bougies avant de tirer des conclusions sur les mouvements futurs des prix.

Voici quelques-uns des types de bougies japonaises couramment observés :

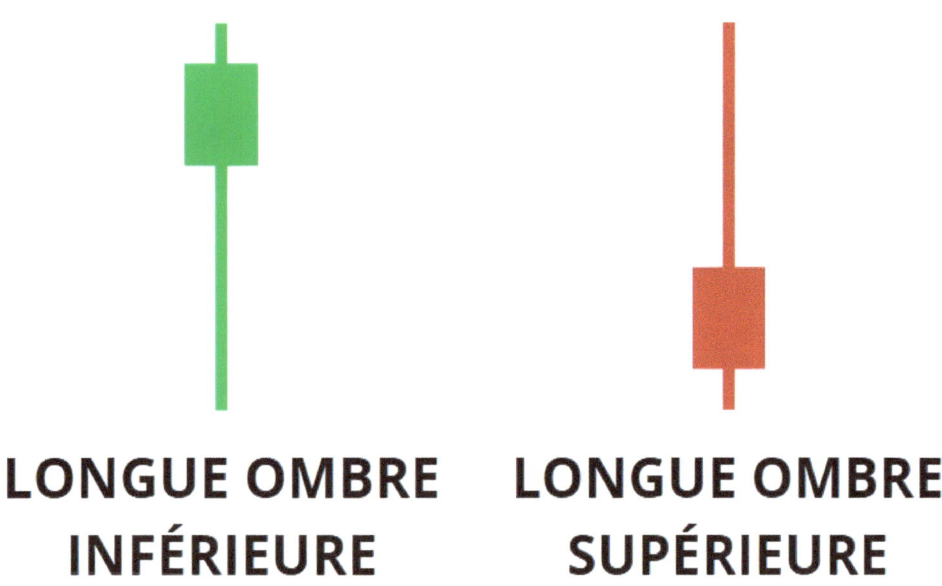

La bougie japonaise avec une longue ombre inférieure et supérieure. Elle est caractérisée par un corps de bougie relativement petit et des ombres supérieure et inférieure significativement plus longues.

La signification de cette configuration dépend du contexte dans lequel elle apparaît. Cependant, de manière générale, cette bougie indique une période d'incertitude ou de consolidation sur le marché. Elle suggère un équilibre entre les acheteurs et les vendeurs, où aucun camp ne parvient à prendre le contrôle.

Dans une tendance haussière, une bougie peut être considérée comme un signe de faiblesse, indiquant que les acheteurs commencent à perdre de leur force et que les vendeurs pourraient bientôt prendre le dessus. Dans une tendance baissière, une bougie peut signaler un épuisement de la pression vendeuse et une possible inversion de tendance à la hausse.

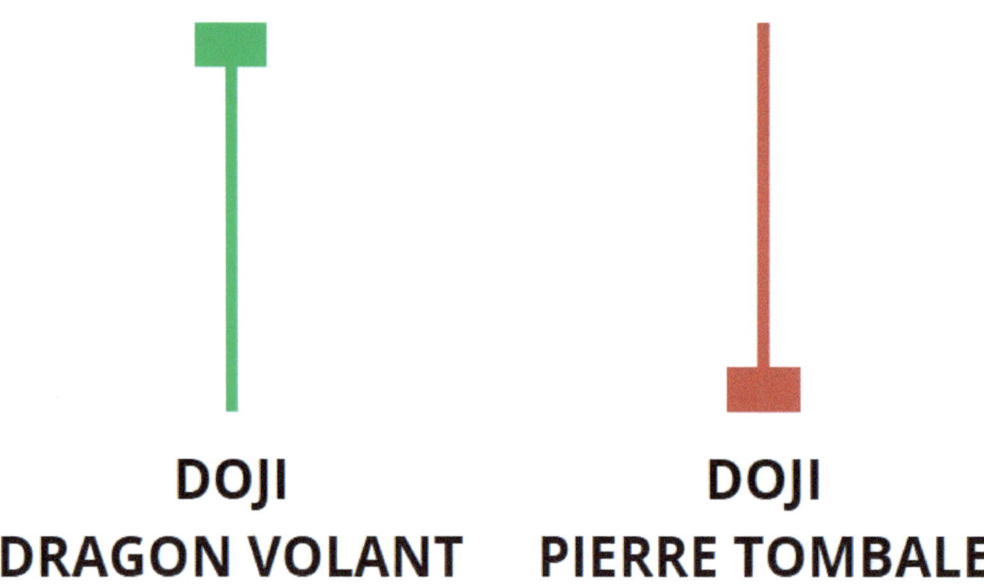

Les bougies japonaises "Doji Dragon Volant" (Dragonfly Doji en anglais) et "Doji Pierre Tombale" (Gravestone Doji en anglais) sont des formations spécifiques qui ont une signification particulière dans l'analyse des bougies japonaises.

Le "Doji Dragon Volant" est caractérisé par un corps de bougie très petit ou inexistant, avec une longue ombre inférieure et aucune ombre supérieure. La configuration suggère une inversion potentielle de la tendance baissière vers une tendance haussière. Elle indique que les vendeurs ont initialement exercé une pression significative, mais les acheteurs ont réussi à reprendre le contrôle et à ramener les prix à leur niveau d'ouverture.

Le "Doji Pierre Tombale" est l'opposé du Doji Dragon Volant. Il a également un corps de bougie très petit ou inexistant, mais avec une longue ombre supérieure et aucune ombre inférieure. Cette formation indique une inversion potentielle de la tendance haussière vers une tendance baissière. Elle suggère que les acheteurs ont initialement exercé une pression significative, mais les vendeurs ont réussi à reprendre le contrôle et à ramener les prix à leur niveau d'ouverture.

Ces deux configurations de bougies indiquent une lutte entre les acheteurs et les vendeurs, où aucun camp ne parvient à prendre le dessus. Elles sont souvent considérées comme des signaux d'indécision ou de retournement de tendance potentiels.

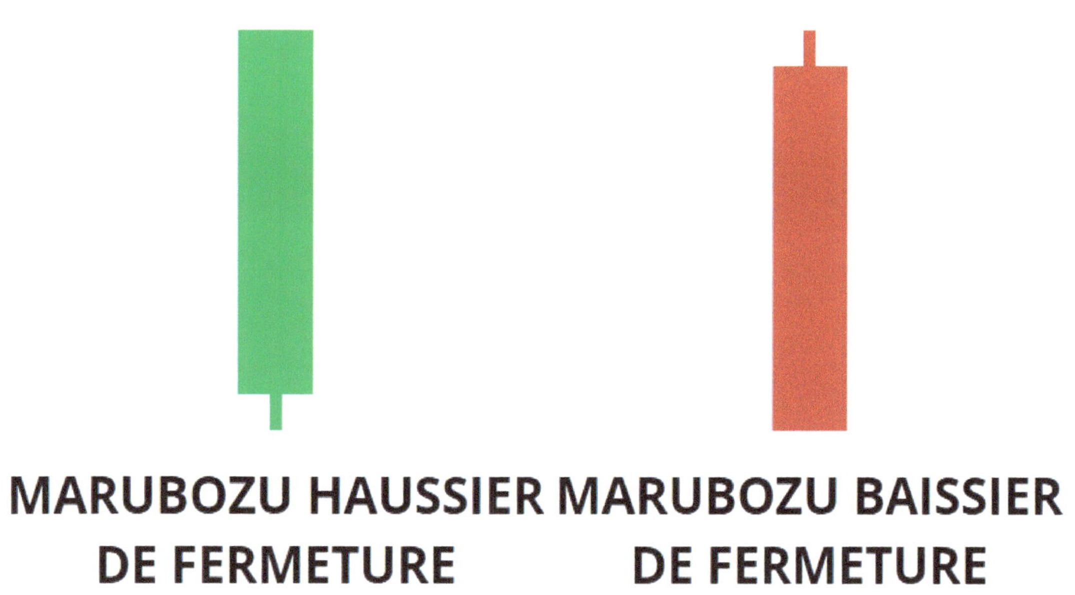

Les bougies japonaises "Marubozu haussier de fermeture" (Closing Marubozu bullish en anglais) et "Marubozu baissier de fermeture" (Closing Marubozu bearish en anglais) sont des formations de bougies qui ont une signification particulière dans l'analyse technique.

Le "Marubozu haussier de fermeture" est une bougie qui n'a pas d'ombre supérieure ni d'ombre inférieure. Elle a un corps de bougie long et solide, ce qui indique que les acheteurs ont été dominants tout au long de la période considérée. Le cours d'ouverture est généralement près du plus bas de la période, et le cours de clôture est proche du plus haut. Cela suggère une forte pression d'achat et une conviction des acheteurs. Le Marubozu haussier de fermeture est considéré comme un signal de continuation de la tendance haussière ou un signe de renforcement de la tendance existante.

Le "Marubozu baissier de fermeture" est similaire, mais à l'inverse. Il n'a pas d'ombre supérieure ni d'ombre inférieure. Le corps de bougie est long et solide, indiquant que les vendeurs ont été dominants tout au long de la période. Le cours d'ouverture est généralement près du plus haut de la période, et le cours de clôture est proche du plus bas. Cela suggère une forte pression de vente et une conviction des vendeurs. Le Marubozu baissier de fermeture est considéré comme un signal de continuation de la tendance baissière ou un signe de renforcement de la tendance existante.

Ces deux configurations de bougies indiquent une forte conviction des acteurs du marché dans une direction spécifique (haussière ou baissière). Elles suggèrent que la tendance en cours est susceptible de se poursuivre.

Les bougies japonaises "Doji" et "Doji Longue Jambe" sont des formations de bougies caractérisées par des corps de bougies très courts ou inexistants.

Le "Doji" est une bougie qui a un corps très court ou inexistant, ce qui signifie que le cours d'ouverture et le cours de clôture sont très proches l'un de l'autre. La bougie Doji indique une égalité entre les forces des acheteurs et des vendeurs. Elle suggère une période d'indécision sur le marché et peut être considérée comme un signal de retournement potentiel. La signification exacte d'un Doji dépend de son contexte et de la tendance précédente. Par exemple, un Doji après une forte hausse peut indiquer une possible inversion de la tendance à la baisse, tandis qu'un Doji après une forte baisse peut indiquer une possible inversion de la tendance à la hausse.

Le "Doji Longue Jambe" est une variation du Doji qui a des ombres supérieure et inférieure plus longues que d'habitude. Cela signifie que malgré une période d'indécision, les prix ont connu des mouvements significatifs à la fois à la hausse et à la baisse. Le Doji Longue Jambe suggère également une incertitude sur le marché, avec une lutte entre les acheteurs et les vendeurs. Comme pour le Doji standard, la signification précise d'un Doji Longue Jambe dépend du contexte et de la tendance précédente.

En résumé, les bougies japonaises Doji et Doji Longue Jambe indiquent toutes deux une période d'indécision et d'équilibre entre les acheteurs et les vendeurs. Elles sont souvent considérées comme des signaux de retournement potentiel, mais leur signification doit être confirmée par d'autres indicateurs techniques ou modèles de bougies avant de prendre des décisions de trading.

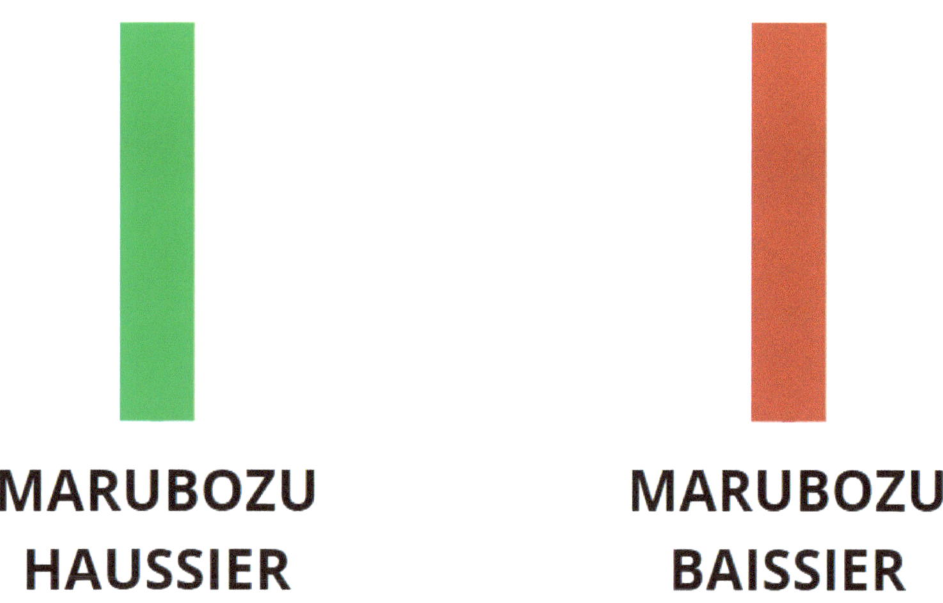

Les bougies japonaises "Marubozu haussier" (Bullish Marubozu en anglais) et "Marubozu baissier" (Bearish Marubozu en anglais) sont des formations de bougies caractérisées par des corps de bougies longs et solides sans aucune ombre.

Le "Marubozu haussier" est une bougie qui a un corps long et solide, sans ombre supérieure ni ombre inférieure. Cela indique que les acheteurs ont exercé une forte pression tout au long de la période considérée. Le cours d'ouverture est généralement près du plus bas de la période, et le cours de clôture est proche du plus haut. Cela suggère une domination des acheteurs et une tendance haussière forte et continue. Le Marubozu haussier est considéré comme un signal de force et de conviction des acheteurs, ce qui peut indiquer une poursuite de la tendance haussière.

Le "Marubozu baissier" est l'opposé du Marubozu haussier. Il a également un corps long et solide, sans ombre supérieure ni ombre inférieure. Cela indique que les vendeurs ont exercé une forte pression tout au long de la période considérée. Le cours d'ouverture est généralement près du plus haut de la période, et le cours de clôture est proche du plus bas. Cela suggère une domination des vendeurs et une tendance baissière forte et continue. Le Marubozu baissier est considéré comme un signal de force et de conviction des vendeurs, ce qui peut indiquer une poursuite de la tendance baissière.

En résumé, les bougies japonaises Marubozu haussier et Marubozu baissier indiquent tous deux une domination des acheteurs ou des vendeurs, respectivement, sans signe d'indécision ou de lutte entre les parties. Ils sont considérés comme des signaux de continuation de la tendance en cours, suggérant que la tendance haussière ou baissière est susceptible de se poursuivre.

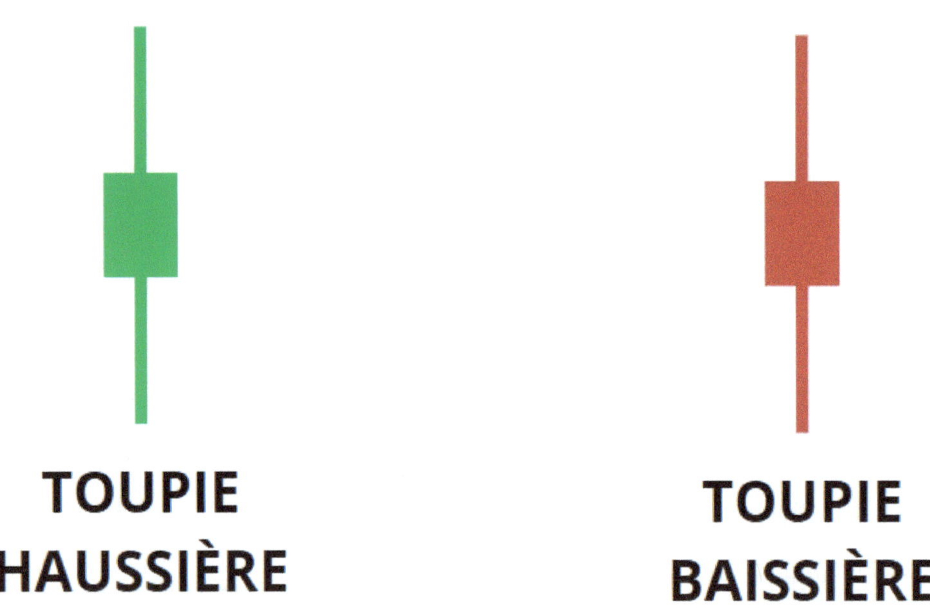

Les bougies japonaises "Toupie Haussière" (Bullish Spinning Top en anglais) et "Toupie Baissière" (Bearish Spinning Top en anglais) sont des formations de bougies qui indiquent une période d'incertitude ou de consolidation sur le marché, généralement après une tendance directionnelle.

La "Toupie Haussière" est caractérisée par un corps de bougie relativement petit et des ombres supérieure et inférieure significativement plus longues. Cela indique qu'il y a eu des fluctuations de prix significatives au cours de la période considérée, mais que les acheteurs ont réussi à ramener les prix près du niveau d'ouverture. La Toupie Haussière suggère un équilibre entre les acheteurs et les vendeurs, où aucun camp ne parvient à prendre le contrôle. Elle peut indiquer une pause dans la tendance baissière précédente et une possible inversion de la tendance à la hausse.

La "Toupie Baissière" est similaire à la Toupie Haussière, mais à l'inverse. Elle a un corps de bougie relativement petit et des ombres supérieure et inférieure significativement plus longues. Cela indique qu'il y a eu des fluctuations de prix significatives au cours de la période considérée, mais que les vendeurs ont réussi à ramener les prix près du niveau d'ouverture. La Toupie Baissière suggère également un équilibre entre les acheteurs et les vendeurs, avec une incertitude quant à la direction future du marché. Elle peut indiquer une pause dans la tendance haussière précédente et une possible inversion de la tendance à la baisse.

En résumé, les bougies japonaises Toupie Haussière et Toupie Baissière indiquent toutes deux une période d'incertitude et de consolidation après une tendance directionnelle. Elles suggèrent un équilibre entre les acheteurs et les vendeurs, où aucun camp ne parvient à prendre le contrôle. Ces formations peuvent être considérées comme des signaux de retournement potentiel, mais il est important de confirmer ces signaux avec d'autres indicateurs techniques ou modèles de bougies avant de prendre des décisions de Trading.

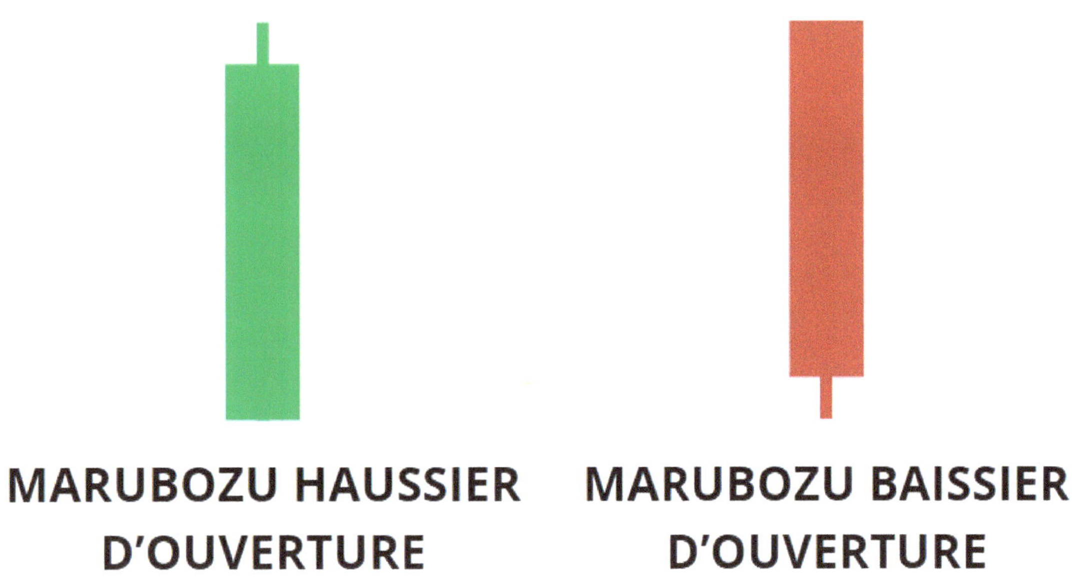

Un Marubozu haussier d'ouverture se forme lorsque le prix d'ouverture est égal au plus bas de la période, et le prix de clôture est égal au plus haut de la période. Cela signifie qu'il n'y a pas d'ombre supérieure ni d'ombre inférieure. Le corps de la bougie est long et solide, et il est généralement coloré en vert ou blanc. Cette configuration indique une pression d'achat forte et constante tout au long de la période, avec les acheteurs dominant le marché.

D'un autre côté, un Marubozu baissier d'ouverture se forme lorsque le prix d'ouverture est égal au plus haut de la période, et le prix de clôture est égal au plus bas de la période. Il n'y a pas non plus d'ombre supérieure ni d'ombre inférieure, et le corps de la bougie est long et solide, souvent coloré en rouge ou noir. Cette configuration indique une pression de vente forte et constante dès le début de la période, avec les vendeurs dominant le marché.

En résumé, les Marubozus haussiers d'ouverture et baissiers d'ouverture sont des configurations de bougies japonaises qui indiquent une domination claire des acheteurs ou des vendeurs dès le début de la période. Ces modèles sont considérés comme des signaux forts et peuvent suggérer une continuation de la tendance en cours. Les traders utilisent ces modèles pour prendre des décisions d'achat ou de vente en fonction de l'analyse technique et des mouvements de prix observés sur le graphique des bougies japonaises.

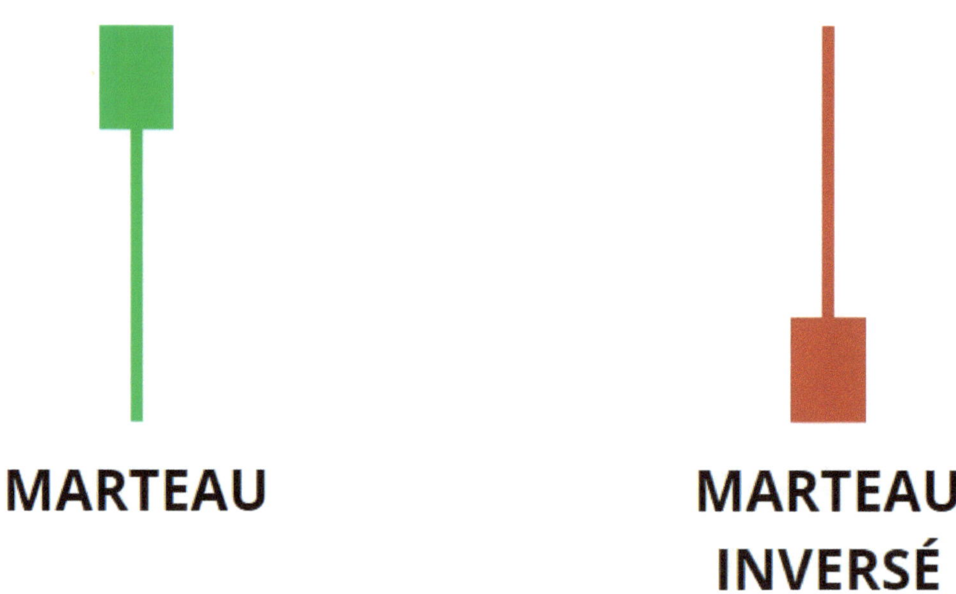

Les bougies japonaises "marteau" et "marteau inversé" sont des configurations couramment observées dans l'analyse technique des marchés financiers. Elles sont utilisées pour identifier des renversements de tendance potentiels.

Le marteau est une bougie qui possède un petit corps situé près de l'extrémité supérieure de la plage de prix et une longue ombre inférieure. Il ressemble à un marteau avec un manche court et une tête plus grande. Le marteau se forme après une période de baisse et indique une possible inversion de tendance à la hausse. Il suggère que malgré une pression de vente initiale, les acheteurs ont réussi à reprendre le contrôle et à pousser les prix à la hausse. Cela peut être considéré comme un signe de la fin de la pression baissière et le début d'un mouvement haussier potentiel.

Le marteau inversé, quant à lui, présente une structure similaire au marteau mais avec une longue ombre supérieure et un petit corps près de l'extrémité inférieure de la plage de prix. Il se forme après une période de hausse et indique une possible inversion de tendance à la baisse. Le marteau inversé suggère que malgré une pression d'achat initiale, les vendeurs ont regagné le contrôle et ont poussé les prix à la baisse. Cela peut être considéré comme un signe de la fin de la pression haussière et le début d'un mouvement baissier potentiel.

Dans les deux cas, la clé de l'interprétation d'un marteau ou d'un marteau inversé réside dans l'observation de la bougie suivante. Si la bougie suivante confirme le renversement de tendance attendu en continuant dans la direction suggérée par le marteau ou le marteau inversé, cela renforce le signal.

*Ces exemples représentent seulement quelques types de bougies japonaises parmi de nombreux autres motifs et configurations possibles. Les traders utilisent ces bougies en combinaison avec d'autres outils d'analyse technique pour prendre des décisions de trading éclairées.

6 LES SUPPORTS ET LES RÉSISTANCES

Le support et la résistance sont des concepts fondamentaux dans le trading. Ils font référence à des niveaux de prix spécifiques sur un graphique où l'on observe une tendance à ce que le prix rebondisse ou se bloque.

Le support fait référence à un niveau de prix en dessous duquel le cours d'un actif a du mal à descendre. C'est un niveau où la demande dépasse l'offre, ce qui signifie qu'il y a un intérêt d'achat important à ce niveau de prix. Lorsque le prix atteint le support, il a tendance à rebondir à la hausse, car les acheteurs sont plus nombreux que les vendeurs, ce qui crée une pression à la hausse.

La résistance, en revanche, est un niveau de prix au-dessus duquel le cours d'un actif a du mal à monter. C'est un niveau où l'offre dépasse la demande, ce qui signifie qu'il y a un intérêt de vente important à ce niveau de prix. Lorsque le prix atteint la résistance, il a tendance à rebondir à la baisse, car les vendeurs sont plus nombreux que les acheteurs, ce qui crée une pression à la baisse.

Les niveaux de support et de résistance peuvent être identifiés en examinant les données historiques des prix, en recherchant des niveaux où le prix a rebondi à plusieurs reprises par le passé. Ces niveaux peuvent être tracés sur un graphique pour visualiser les zones où le prix a tendance à réagir.

Les traders utilisent souvent les niveaux de support et de résistance pour prendre des décisions de trading. Par exemple, un trader peut choisir d'acheter lorsque le prix atteint un niveau de support, en anticipant un rebond à la hausse. De même, un trader peut choisir de vendre lorsque le prix atteint un niveau de résistance, en anticipant un rebond à la baisse.

Il est important de noter que les niveaux de support et de résistance ne sont pas des lignes fixes et immuables. Les marchés financiers sont dynamiques et les niveaux de support et de résistance peuvent évoluer avec le temps. Les traders doivent donc surveiller attentivement les mouvements des prix et ajuster leurs stratégies en conséquence.

En résumé, le support et la résistance sont des niveaux de prix importants dans le trading. Le support fait référence à un niveau de prix en dessous duquel le prix a tendance à rebondir à la hausse, tandis que la résistance fait référence à un niveau de prix au-dessus duquel le prix a tendance à rebondir à la baisse. Les traders utilisent ces niveaux pour prendre des décisions de trading et anticiper les mouvements futurs des prix.

Prenons un exemple concret pour illustrer le concept de support et de résistance.

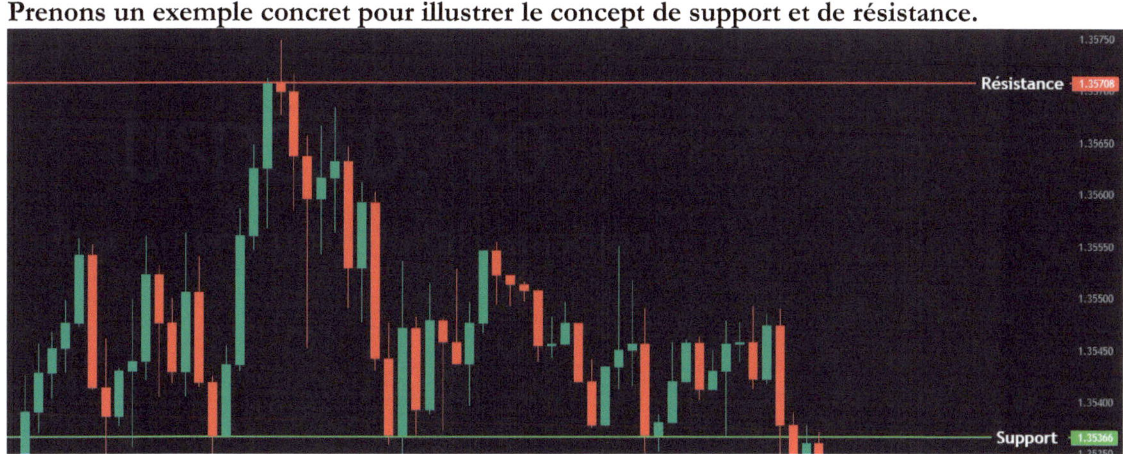

Supposons que le cours d'une devise, appelons-la usd/cad, évolue sur une période de temps et que nous observons un graphique des prix. Sur ce graphique, nous identifions deux niveaux importants : un niveau de support et un niveau de résistance.

Le niveau de support est situé à 1.35366. Au cours des derniers mois, chaque fois que le prix de devise a atteint ce niveau, il a rebondi à la hausse. Cela peut indiquer qu'il y a une forte demande d'achat à ce niveau de prix, ce qui crée une pression à la hausse.

Le niveau de résistance, quant à lui, est situé à 1.35708. Chaque fois que le prix de devise a atteint ce niveau, il a eu du mal à continuer à monter et a rebondi à la baisse. Cela peut indiquer qu'il y a une offre importante de vente à ce niveau de prix, ce qui crée une pression à la baisse.

Maintenant, supposons que le prix de la devise a atteint 1.35366. Les traders qui observent ce niveau de support peuvent considérer cela comme une opportunité d'achat. Ils pourraient anticiper un rebond à la hausse, en se basant sur l'hypothèse que le niveau de support tiendra et que la tendance haussière se poursuivra.

D'un autre côté, si le prix de la devise a atteint 1.35708 les traders qui observent ce niveau de résistance pourraient envisager de vendre. Ils pourraient anticiper un rebond à la baisse, en supposant que le niveau de résistance tiendra et que la tendance à la baisse se poursuivra.

Il est important de noter que les niveaux de support et de résistance ne sont pas toujours aussi clairs et nets qu'ils apparaissent dans cet exemple. Les marchés financiers sont complexes et les prix peuvent fluctuer. Par conséquent, les traders utilisent souvent d'autres outils et indicateurs pour confirmer les niveaux de support et de résistance et prendre des décisions de trading éclairées.

7 LES FIGURES CHARTISTES

1. Escalier montant et descendant

La figure chartiste "Escalier montant et descendant" est une configuration graphique utilisée dans l'analyse technique du trading. Elle est considérée comme une figure de continuation de tendance et est souvent utilisée par les traders pour identifier des opportunités de trading.

Voici une description détaillée de la figure "Escalier montant et descendant" :

1. Tendance préalable : La figure de l'escalier montant et descendant se forme au cours d'une tendance bien établie, à la fois haussière ou baissière. Avant la formation de la figure, le marché affiche une série de hauts et de bas, créant une tendance directionnelle claire.

2. Escalier montant : L'escalier montant est la première partie de la figure. Dans une tendance haussière, le prix progresse régulièrement avec des hauts et des bas de plus en plus élevés. Chaque sommet est suivi d'un retracement, mais les retracements ne dépassent généralement pas les bas précédents. Cela donne l'apparence d'un escalier montant dans le graphique des prix.

3. Ligne de tendance : Pendant la formation de l'escalier montant, vous pouvez tracer une ligne de tendance haussière en reliant les creux successifs. Cette ligne de tendance agit comme un support dynamique et confirme la tendance haussière.

4. Cassure de la ligne de tendance : Après avoir formé l'escalier montant, il peut y avoir une cassure de la ligne de tendance haussière. Cela se produit lorsque le prix descend en dessous de la ligne de tendance, indiquant une éventuelle faiblesse dans la tendance haussière.

5. Escalier descendant : Si le prix casse la ligne de tendance haussière, il peut entamer une nouvelle phase de baisse,

formant ainsi l'escalier descendant. Dans cette phase, le prix enregistre des bas et des hauts de plus en plus bas. Chaque creux est suivi d'un retracement, mais les retracements ne dépassent généralement pas les sommets précédents. Cela donne l'apparence d'un escalier descendant dans le graphique des prix.

6. Ligne de tendance descendante : Pendant la formation de l'escalier descendant, vous pouvez tracer une ligne de tendance descendante en reliant les sommets successifs. Cette ligne de tendance agit comme une résistance dynamique et confirme la tendance baissière.

7. Cassure de la ligne de tendance : Après avoir formé l'escalier descendant, il peut y avoir une cassure de la ligne de tendance descendante. Cela se produit lorsque le prix dépasse la ligne de tendance, indiquant un éventuel renversement de la tendance baissière.

Il est important de noter que la figure "Escalier montant et descendant" n'est pas une science exacte, et il est nécessaire de confirmer les signaux avec d'autres indicateurs techniques avant de prendre des décisions de trading. Il est recommandé de combiner l'analyse chartiste avec d'autres outils d'analyse technique tels que les indicateurs de momentum, les moyennes mobiles ou les niveaux de support et de résistance pour obtenir une vision plus complète du marché.

L'objectif de la figure de l'escalier montant et descendant est d'identifier la continuité de la tendance en cours. Si la figure se forme dans une tendance haussière, elle suggère que la tendance haussière devrait se poursuivre. De même, si la figure se forme dans une tendance baissière, elle suggère que la tendance baissière devrait se poursuivre.

Il est important de noter que les figures chartistes ne garantissent pas le mouvement futur des prix. Elles fournissent simplement des indications potentielles sur la direction probable du marché. Les traders utilisent généralement d'autres outils d'analyse technique et prennent en compte d'autres facteurs tels que les nouvelles économiques et les événements du marché pour prendre des décisions de trading éclairées.

En conclusion, la figure de l'escalier montant et descendant est une configuration graphique utilisée dans l'analyse technique du trading pour identifier la continuité d'une tendance en cours. Elle se compose d'un escalier montant, suivi éventuellement d'une cassure de la ligne de tendance haussière, puis d'un escalier descendant. Cependant, il est essentiel de confirmer les signaux avec d'autres outils d'analyse technique avant de prendre des décisions de trading.

2. Triangle ascendant

La figure chartiste "Triangle ascendant" est une configuration graphique utilisée dans l'analyse technique du trading. Elle est considérée comme une figure de continuation de tendance et est souvent utilisée par les traders pour identifier des opportunités de trading.

Voici une description détaillée de la figure "Triangle ascendant" :

1. Tendance préalable : Avant la formation du triangle ascendant, le marché affiche une tendance haussière préexistante. Cela signifie que le prix forme des creux et des sommets de plus en plus hauts, indiquant une progression régulière à la hausse.

2. Lignes de tendance : La figure du triangle ascendant est formée par deux lignes de tendance. La première est une ligne de résistance horizontale, qui relie les sommets précédents et forme une ligne droite. La deuxième est une ligne de support ascendante, qui relie les creux successifs et forme une ligne inclinée vers le haut.

3. Construction du triangle : Les deux lignes de tendance convergent pour former un triangle. La ligne de résistance agit comme une barrière que les prix ont du mal à franchir, tandis que la ligne de support monte progressivement, montrant une pression d'achat croissante.

4. Retracements : Pendant la formation du triangle, le prix peut effectuer des retracements vers la ligne de support ascendante ou la ligne de résistance horizontale. Ces retracements offrent des opportunités d'entrée pour les traders qui souhaitent participer à la tendance haussière en cours.

5. Cassure : La cassure est un événement clé dans la figure du triangle ascendant. Elle se produit lorsque le prix dépasse la ligne de résistance, indiquant une augmentation de la pression d'achat. La cassure est souvent accompagnée d'une augmentation du volume de transactions, ce qui renforce le signal haussier.

6. Objectif de prix : Pour déterminer l'objectif de prix potentiel après la cassure, vous pouvez mesurer la distance verticale entre la ligne de support et la ligne de résistance au point le plus large du triangle. Ensuite, cette distance est projetée à partir du point de cassure de la résistance. Cela donne une estimation approximative de la hausse potentielle après la cassure.

Il est important de noter que la figure du triangle ascendant n'est pas une garantie absolue de la direction future des prix. Il est nécessaire de confirmer les signaux avec d'autres outils d'analyse technique et de prendre en compte d'autres facteurs tels que les nouvelles économiques et les événements du marché avant de prendre des décisions de trading.

En conclusion, la figure chartiste du triangle ascendant est une configuration graphique utilisée pour identifier la continuation d'une tendance haussière. Elle est formée par deux lignes de tendance convergentes, une ligne de résistance horizontale et une ligne de support ascendante. La cassure de la résistance est un signal haussier important pour les traders.

3. Triangle descendant

La figure chartiste "Triangle descendant" est une configuration graphique utilisée dans l'analyse technique du trading. Elle est considérée comme une figure de continuation de tendance et est souvent utilisée par les traders pour identifier des opportunités de trading.

Voici une description détaillée de la figure "Triangle descendant" :

1. Tendance préalable : Avant la formation du triangle descendant, le marché affiche une tendance baissière préexistante. Cela signifie que le prix forme des creux et des sommets de plus en plus bas, indiquant une baisse régulière.

2. Lignes de tendance : La figure du triangle descendant est formée par deux lignes de tendance. La première est une ligne de support horizontale, qui relie les creux précédents et forme une ligne droite. La deuxième est une ligne de résistance descendante, qui relie les sommets successifs et forme une ligne inclinée vers le bas.

3. Construction du triangle : Les deux lignes de tendance convergent pour former un triangle. La ligne de résistance agit comme une barrière que les prix ont du mal à franchir à la hausse, tandis que la ligne de support reste horizontale ou a une légère inclinaison vers le bas.

4. Retracements : Pendant la formation du triangle, le prix peut effectuer des retracements vers la ligne de résistance descendante ou la ligne de support horizontale. Ces retracements offrent des opportunités d'entrée pour les traders qui souhaitent participer à la tendance baissière en cours.

5. Cassure : La cassure est un événement clé dans la figure du triangle descendant. Elle se produit lorsque le prix passe en dessous de la ligne de support, indiquant une augmentation de la pression vendeuse. La cassure est souvent accompagnée d'une augmentation du volume de transactions, ce qui renforce le signal baissier.

6. Objectif de prix : Pour déterminer l'objectif de prix potentiel après la cassure, vous pouvez mesurer la distance verticale entre la ligne de résistance et la ligne de support au point le plus large du triangle. Ensuite, cette distance est projetée à partir du point de cassure de la ligne de support. Cela donne une estimation approximative de la baisse potentielle après la cassure.

Il est important de noter que la figure du triangle descendant n'est pas une garantie absolue de la direction future des prix. Il est nécessaire de confirmer les signaux avec d'autres outils d'analyse technique et de prendre en compte d'autres facteurs tels que les nouvelles économiques et les événements du marché avant de prendre des décisions de trading.

En conclusion, la figure chartiste du triangle descendant est une configuration graphique utilisée pour identifier la continuation d'une tendance baissière. Elle est formée par deux lignes de tendance convergentes, une ligne de support horizontale et une ligne de résistance descendante. La cassure de la ligne de support est un signal baissier important pour les traders.

4. Triangle symétrique

Un triangle symétrique est une figure chartiste couramment utilisée dans l'analyse technique du trading. Elle se forme lorsque les cours d'un actif évoluent à l'intérieur de deux lignes de tendance convergentes. Ces lignes de tendance sont tracées en reliant les sommets et les creux des cours, créant ainsi une structure triangulaire.

Voici les caractéristiques et les détails importants d'un triangle symétrique :

1. Structure : Le triangle symétrique est caractérisé par deux lignes de tendance qui se rejoignent à un point d'intersection appelé le sommet. Une ligne de tendance relie les creux des cours en formant une ligne de support ascendante, tandis que l'autre ligne de tendance relie les sommets des cours en formant une ligne de résistance descendante. Ces deux lignes se rencontrent au sommet pour former un angle.

2. Durée : La formation d'un triangle symétrique peut prendre plusieurs semaines, voire plusieurs mois. La durée de formation peut varier en fonction de l'unité de temps utilisée pour l'analyse.

3. Volume des échanges : Le volume des échanges est généralement en baisse pendant la formation du triangle symétrique. Cela est dû à l'indécision du marché et à l'attente d'une rupture de la figure chartiste.

4. Indécision du marché : Le triangle symétrique indique une période d'indécision entre les acheteurs et les vendeurs. Les creux et les sommets des cours se rapprochent progressivement, montrant une contraction de la volatilité.

5. Rupture de la figure : À un moment donné, le cours de l'actif va sortir du triangle symétrique, marquant la fin de la consolidation. La sortie peut se faire à la hausse ou à la baisse, et elle est souvent accompagnée d'une augmentation significative du volume des échanges. La rupture peut se produire avant la rencontre des lignes de tendance, mais cela n'est pas toujours le cas.

6. Objectif de prix : Pour déterminer l'objectif de prix potentiel après la sortie du triangle symétrique, il est courant de mesurer la hauteur maximale du triangle et de l'ajouter (en cas de sortie haussière) ou de la soustraire (en cas de sortie baissière) au point de sortie. Cela peut donner une estimation approximative de la distance que le cours pourrait parcourir après la rupture.

Il est important de noter que le triangle symétrique est une figure chartiste, et il est recommandé de l'utiliser en conjonction avec d'autres outils d'analyse technique et indicateurs pour prendre des décisions de trading éclairées. La confirmation de la sortie du triangle symétrique est essentielle pour éviter les faux signaux et les fausses ruptures.

5. Drapeau

Le drapeau est une figure chartiste utilisée dans l'analyse technique du trading. Elle se forme généralement après une forte hausse ou une forte baisse du cours d'un actif. Le motif du drapeau est caractérisé par une phase de consolidation qui ressemble à un drapeau volant sur un mât. Voici les détails importants concernant le drapeau :

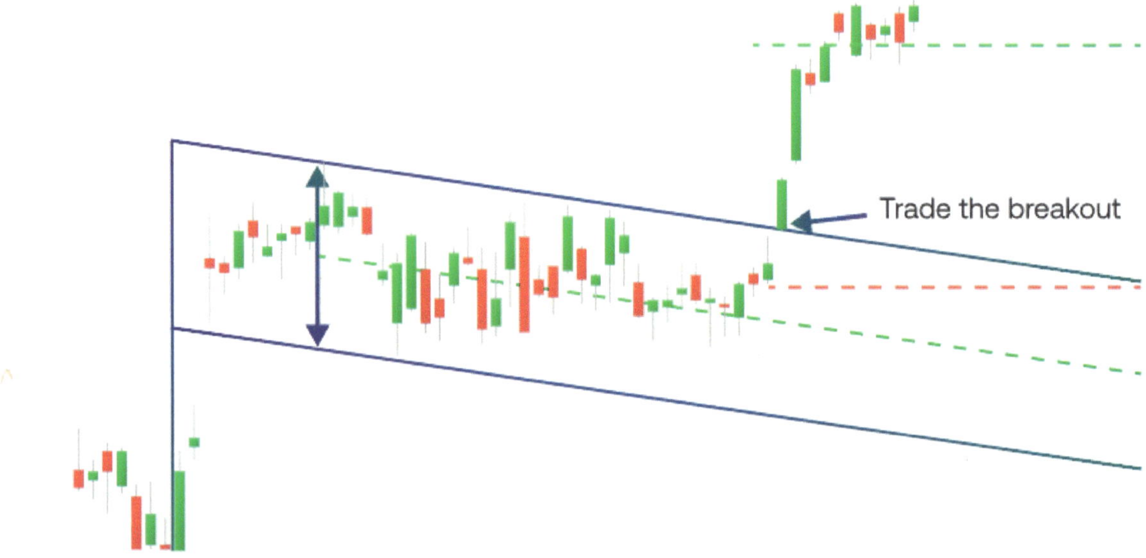

1. Tendance préalable : Avant la formation du drapeau, il y a une forte tendance directionnelle, à la hausse ou à la baisse. Cette tendance est souvent le résultat d'un mouvement impulsif du cours.

2. Structure : Le drapeau se forme lorsque le cours commence à se consolider dans un canal étroit et parallèle à la tendance préalable. La consolidation est caractérisée par des oscillations de prix relativement étroites entre deux lignes de tendance, formant ainsi une structure en forme de drapeau ou de parallélogramme.

3. Durée : La durée de la consolidation du drapeau peut varier, allant de quelques jours à plusieurs semaines. La période de consolidation est souvent plus courte que la tendance préalable.

4. Volume des échanges : Pendant la formation du drapeau, le volume des échanges a tendance à diminuer par rapport à la phase de tendance préalable. Cela est dû à l'atténuation de l'enthousiasme des traders, à l'incertitude du marché ou à une pause temporaire des mouvements directionnels.

5. Sortie du drapeau : Une fois la consolidation terminée, une sortie du drapeau se produit généralement. La sortie peut se faire dans la direction de la tendance préalable, indiquant une continuation de la tendance, ou dans la direction opposée, signalant un renversement potentiel de la tendance. La sortie du drapeau est souvent accompagnée d'une augmentation significative du volume des échanges, ce qui confirme la validité de la rupture.

6. Objectif de prix : Pour estimer l'objectif de prix potentiel après la sortie du drapeau, il est courant de mesurer la hauteur de la tendance préalable, puis de l'appliquer à partir du point de sortie du drapeau. Cela peut donner une estimation approximative de la distance que le cours pourrait parcourir après la rupture.

Il convient de noter que bien que le drapeau soit considéré comme une figure chartiste fiable, il est important de confirmer la sortie du drapeau avant de prendre des décisions de trading. L'utilisation d'autres outils d'analyse technique, de signaux de confirmation et d'indicateurs peut aider à augmenter la fiabilité des signaux générés par le drapeau.

6. Coin

Le wedge, également appelé "coin" en français, est une figure chartiste couramment utilisée dans l'analyse technique du trading. Il se forme lorsque les cours d'un actif évoluent à l'intérieur de deux lignes de tendance convergentes, mais cette fois-ci dans une direction opposée. Voici les détails importants concernant le wedge :

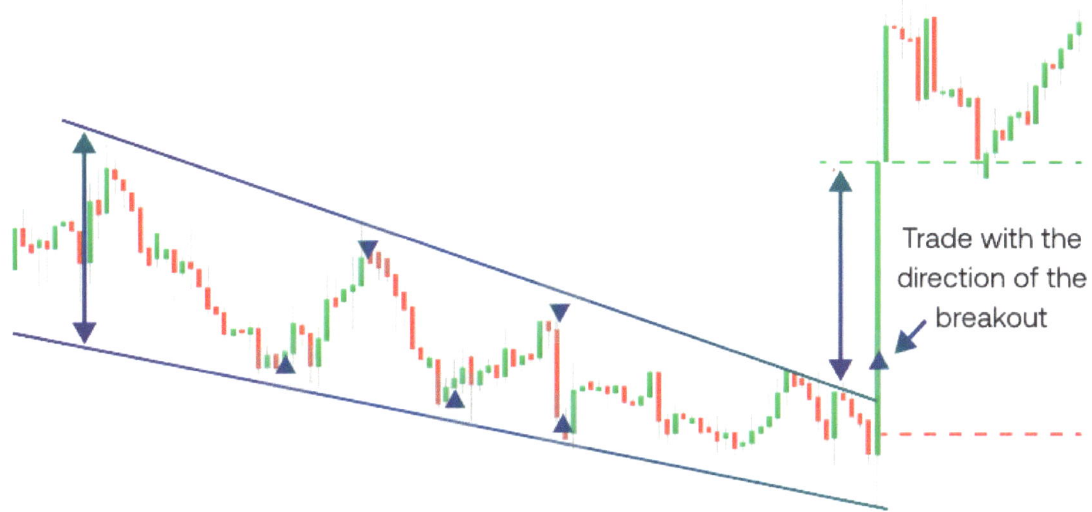

1. Structure : Le wedge se caractérise par deux lignes de tendance obliques qui se rapprochent l'une de l'autre. La ligne de tendance inférieure relie les creux des cours et a une pente ascendante, tandis que la ligne de tendance supérieure relie les sommets des cours et a une pente descendante. Ces deux lignes convergent, formant ainsi une structure en forme de coin.

2. Durée : La formation d'un wedge peut prendre plusieurs semaines ou plusieurs mois. La durée de formation peut varier en fonction de l'unité de temps utilisée pour l'analyse.

3. Volume des échanges : Le volume des échanges tend à diminuer pendant la formation du wedge. Cela est dû à l'indécision du marché et à la contraction de la volatilité à mesure que les cours se rapprochent.

4. Direction de la sortie : Le wedge peut se former à la fois dans une tendance haussière et baissière. La direction de la sortie du wedge peut être soit vers le haut, indiquant une continuation de la tendance haussière, soit vers le bas, indiquant un renversement potentiel de la tendance baissière. La sortie du wedge est souvent accompagnée d'une augmentation significative du volume des échanges, confirmant ainsi la validité de la rupture.

5. Objectif de prix : Pour estimer l'objectif de prix potentiel après la sortie du wedge, il est courant de mesurer la hauteur maximale du wedge et de l'ajouter (en cas de sortie haussière) ou de la soustraire (en cas de sortie baissière) au point de sortie. Cela peut donner une estimation approximative de la distance que le cours pourrait parcourir après la rupture.

Il est important de noter que le wedge est une figure chartiste, et il est recommandé de l'utiliser en conjonction avec d'autres outils d'analyse technique et indicateurs pour prendre des décisions de trading éclairées. La confirmation de la sortie du wedge est essentielle pour éviter les faux signaux et les fausses ruptures.

7. Double dessus

Le double sommet, également connu sous le nom de "double top" en anglais, est une figure chartiste couramment utilisée dans l'analyse technique du trading. Elle se forme lorsqu'un actif atteint deux fois un niveau de résistance similaire et échoue à le dépasser, créant ainsi une structure en forme de "M". Voici les détails importants concernant le double sommet :

1. Structure : Le double sommet se compose de deux sommets relativement proches l'un de l'autre, avec un creux temporaire entre les deux. Les sommets sont formés lorsque le cours atteint un niveau de résistance, rebondit et redescend. La ligne de support est tracée au niveau du creux entre les deux sommets.

2. Durée : La formation d'un double sommet peut prendre plusieurs semaines à plusieurs mois. La durée de formation peut varier en fonction de l'unité de temps utilisée pour l'analyse.

3. Volume des échanges : Le volume des échanges est généralement plus élevé lors de la formation du premier sommet, puis diminue pendant la formation du creux entre les deux sommets, et augmente à nouveau lors de la formation du deuxième sommet. La diminution du volume pendant la consolidation est souvent considérée comme un signe de faiblesse.

4. Confirmation de la figure : La confirmation du double sommet se produit lorsque le cours casse la ligne de support, indiquant une possible inversion de tendance. Cette cassure est généralement accompagnée d'une augmentation significative du volume des échanges, ce qui confirme la validité de la figure.

5. Objectif de prix : Pour estimer l'objectif de prix potentiel après la cassure de la ligne de support, il est courant de mesurer la hauteur entre le niveau de résistance et la ligne de support, puis de la soustraire à partir du point de cassure. Cela peut donner une estimation approximative de la distance que le cours pourrait parcourir à la baisse après la confirmation du double sommet.

Il est important de noter que le double sommet est une figure chartiste, et il est recommandé de l'utiliser en conjonction avec d'autres outils d'analyse technique et indicateurs pour prendre des décisions de trading éclairées. La confirmation de la figure est essentielle pour éviter les faux signaux et les fausses cassures.

8. Double fond

Le double fond, également connu sous le nom de "double bottom" en anglais, est une figure chartiste utilisée dans l'analyse technique du trading. Elle se forme lorsqu'un actif atteint deux fois un niveau de support similaire et rebondit à chaque fois, créant ainsi une structure en forme de "W". Voici les détails importants concernant le double fond :

1. Structure : Le double fond se compose de deux creux relativement proches l'un de l'autre, avec un sommet temporaire entre les deux. Les creux sont formés lorsque le cours atteint un niveau de support, rebondit et remonte. La ligne de résistance est tracée au niveau du sommet entre les deux creux.

2. Durée : La formation d'un double fond peut prendre plusieurs semaines à plusieurs mois. La durée de formation peut varier en fonction de l'unité de temps utilisée pour l'analyse.

3. Volume des échanges : Le volume des échanges est généralement plus élevé lors de la formation du premier creux, puis diminue pendant la formation du sommet entre les deux creux, et augmente à nouveau lors de la formation du deuxième creux. La diminution du volume pendant la consolidation est souvent considérée comme un signe de faiblesse.

4. Confirmation de la figure : La confirmation du double fond se produit lorsque le cours casse la ligne de résistance, indiquant une possible inversion de tendance. Cette cassure est généralement accompagnée d'une augmentation significative du volume des échanges, ce qui confirme la validité de la figure.

5. Objectif de prix : Pour estimer l'objectif de prix potentiel après la cassure de la ligne de résistance, il est courant de mesurer la hauteur entre le niveau de support et la ligne de résistance, puis de l'ajouter à partir du point de cassure. Cela peut donner une estimation approximative de la distance que le cours pourrait parcourir à la hausse après la confirmation du double fond.

Il est important de noter que le double fond est une figure chartiste, et il est recommandé de l'utiliser en conjonction avec d'autres outils d'analyse technique et indicateurs pour prendre des décisions de trading éclairées. La confirmation de la figure est essentielle pour éviter les faux signaux et les fausses cassures.

9. Tête et épaules

La figure chartiste de la "tête et épaules" est l'une des plus célèbres et des plus couramment utilisées dans l'analyse technique du trading. Elle est considérée comme un modèle de renversement de tendance et peut se former à la fois sur les graphiques des prix à la hausse et à la baisse. Voici une description détaillée de cette figure :

1. Tête et épaules inversée (hausse) :
   - Étape 1 : Épaule gauche - La tendance précédente est à la baisse. Les prix atteignent un creux, rebondissent, puis retombent à un nouveau creux, formant ainsi "l'épaule gauche".

- Étape 2 : Tête - Après l'épaule gauche, les prix remontent à un niveau plus élevé, formant ainsi la "tête". La tête est généralement plus élevée que l'épaule gauche et peut être associée à un volume de transactions plus élevé.

- Étape 3 : Épaule droite - Après la formation de la tête, les prix chutent à nouveau, rebondissent, puis retombent pour former "l'épaule droite". L'épaule droite est généralement de hauteur similaire à celle de l'épaule gauche.

- Confirmation : La confirmation de la figure se produit lorsque les prix dépassent la ligne de cou, qui est une ligne horizontale tracée à travers les creux formés entre l'épaule gauche et la tête, ainsi que entre la tête et l'épaule droite. Une fois que les prix franchissent cette ligne, cela indique une inversion de tendance potentielle à la hausse.

2. Tête et épaules (baisse) :

- Étape 1 : Épaule gauche - La tendance précédente est à la hausse. Les prix atteignent un sommet, reculent, puis remontent à un nouveau sommet, formant ainsi "l'épaule gauche".

- Étape 2 : Tête - Après l'épaule gauche, les prix reculent à un niveau plus bas, formant ainsi la "tête". La tête est généralement plus basse que l'épaule gauche et peut être associée à un volume de transactions plus élevé.

- Étape 3 : Épaule droite - Après la formation de la tête, les prix remontent à nouveau, puis retombent pour former "l'épaule droite". L'épaule droite est généralement de hauteur similaire à celle de l'épaule gauche.

- Confirmation : La confirmation de la figure se produit lorsque les prix franchissent la ligne de cou, qui est une ligne horizontale tracée à travers les sommets formés entre l'épaule gauche et la tête, ainsi que entre la tête et l'épaule droite. Une fois que les prix franchissent cette ligne, cela indique une inversion de tendance potentielle à la baisse.

Il est important de noter que la figure de la tête et épaules doit être confirmée par d'autres signaux et indicateurs techniques avant de prendre une décision de trading. Voici quelques points importants à considérer :

1. Volume des transactions : Idéalement, le volume des transactions devrait diminuer à mesure que la figure de la tête et épaules se forme, puis augmenter lors de la cassure de la ligne de cou. Cela indique une participation accrue des traders et renforce la validité de la figure.

2. Durée de formation : Plus la formation de la figure de la tête et épaules dure longtemps, plus elle est considérée comme significative. Les figures qui se forment sur une période plus longue sont généralement considérées comme plus fiables.

3. Objectif de prix : Une fois que la figure de la tête et épaules est confirmée, vous pouvez estimer la distance verticale entre la ligne de cou et le sommet de la tête. Ensuite, vous pouvez projeter cette distance vers le bas à partir de la cassure de la ligne de cou pour obtenir un objectif de prix potentiel.

4. Retest de la ligne de cou : Après la cassure de la ligne de cou, il est courant que les prix reviennent tester cette

ligne depuis le bas. Ce retest peut offrir une opportunité d'entrée ou de sortie pour les traders. Une validation supplémentaire de la figure serait que la ligne de cou précédemment cassée agisse ensuite comme un support ou une résistance.

Il est important de noter que la figure de la tête et épaules n'est pas infaillible et peut parfois donner de faux signaux. Il est donc essentiel de l'utiliser en conjonction avec d'autres outils d'analyse technique et de prendre en compte le contexte global du marché avant de prendre des décisions de trading basées sur cette figure.

En résumé, la figure de la tête et épaules est une configuration graphique couramment utilisée dans l'analyse technique du trading. Elle peut indiquer une inversion de tendance potentielle à la hausse ou à la baisse, en fonction de la formation spécifique. Cependant, il est important de confirmer cette figure par d'autres signaux et indicateurs avant de prendre une décision de trading.

10. Haut et bas arrondis

La figure chartiste des "hauts et bas arrondis" est une configuration graphique utilisée dans l'analyse technique du trading. Elle est également connue sous le nom de "creux en forme de U" ou "sommet en forme de U". Cette figure indique généralement un renversement de tendance potentiel. Voici une description détaillée de cette figure :

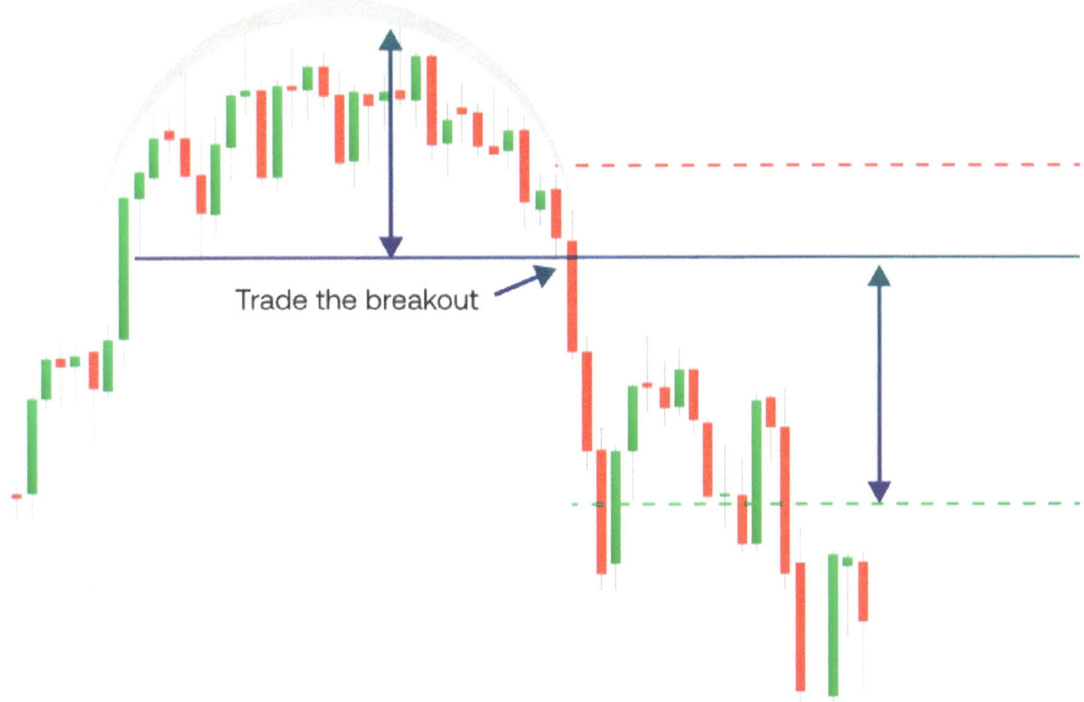

1. Haut arrondi :

    - Étape 1 : Tendance à la hausse - Avant la formation du haut arrondi, le marché est généralement en tendance haussière, avec des prix qui montent régulièrement.

    - Étape 2 : Sommet en forme de U - Les prix atteignent un sommet, puis commencent à reculer. Cependant, au lieu de former un sommet nettement défini, les prix tracent une courbe arrondie en forme de U. Cette courbe indique que les acheteurs restent actifs et que la pression à la vente est relativement faible.

    - Étape 3 : Confirmation - La confirmation de la figure se produit lorsque les prix dépassent la ligne de résistance, qui est une ligne horizontale tracée à travers les sommets formés dans la courbe arrondie. Une fois que les prix franchissent cette ligne, cela suggère un renversement de tendance potentiel à la baisse.

2. Bas arrondi :

    - Étape 1 : Tendance à la baisse - Avant la formation du bas arrondi, le marché est généralement en tendance baissière, avec des prix qui chutent régulièrement.

- Étape 2 : Creux en forme de U - Les prix atteignent un creux, puis commencent à rebondir. Au lieu de former un creux nettement défini, les prix tracent une courbe arrondie en forme de U. Cette courbe indique que les vendeurs restent actifs et que la pression à l'achat est relativement faible.

- Étape 3 : Confirmation - La confirmation de la figure se produit lorsque les prix franchissent la ligne de support, qui est une ligne horizontale tracée à travers les creux formés dans la courbe arrondie. Une fois que les prix franchissent cette ligne, cela suggère un renversement de tendance potentiel à la hausse.

Il est important de noter que la figure des hauts et bas arrondis doit être confirmée par d'autres indicateurs et signaux avant de prendre des décisions de trading. Voici quelques points clés à prendre en compte :

1. Volume des transactions : Idéalement, le volume des transactions devrait diminuer à mesure que la figure des hauts et bas arrondis se forme, puis augmenter lors de la cassure de la ligne de résistance ou de support. Cela indique une participation accrue des traders et renforce la validité de la figure.

2. Durée de formation : Plus la formation de la figure des hauts et bas arrondis dure longtemps, plus elle est considérée comme significative. Les figures qui se forment sur une péride plus longue sont généralement considérées comme plus fiables.

3. Retest de la ligne de résistance ou de support : Après la cassure de la ligne de résistance ou de support, il est courant que les prix reviennent tester cette ligne depuis le haut ou le bas. Ce retest peut offrir une opportunité d'entrée ou de sortie pour les traders. Une validation supplémentaire de la figure serait que la ligne précédemment cassée agisse ensuite comme un support ou une résistance.

4. Objectif de prix : Une fois que la figure des hauts et bas arrondis est confirmée, vous pouvez estimer la distance verticale entre la courbe arrondie et la ligne de résistance ou de support. Ensuite, vous pouvez projeter cette distance vers le bas (dans le cas d'un haut arrondi) ou vers le haut (dans le cas d'un bas arrondi) à partir de la cassure de la ligne de résistance ou de support. Cela peut vous donner un objectif de prix potentiel pour votre trade.

Il est important de noter que la figure des hauts et bas arrondis n'est pas infaillible et peut parfois donner de faux signaux. Il est donc essentiel de l'utiliser en conjonction avec d'autres outils d'analyse technique et de prendre en compte le contexte global du marché avant de prendre des décisions de trading basées sur cette figure.

En résumé, la figure des hauts et bas arrondis est une configuration graphique utilisée dans l'analyse technique du trading. Elle peut indiquer un renversement de tendance potentiel à la hausse (haut arrondi) ou à la baisse (bas arrondi). Cependant, il est important de confirmer cette figure par d'autres signaux et indicateurs avant de prendre une décision de trading.

11. Tasse et poignée

La figure chartiste "Tasses avec anse" est une configuration graphique utilisée dans l'analyse technique du trading. Elle est considérée comme une figure de renversement de tendance et est souvent utilisée par les traders pour identifier des opportunités d'achat.

Voici une description détaillée de la figure "Tasses avec anse" :

1. Formation de la coupe : La figure commence par une tendance haussière préexistante. Au cours de cette tendance, le prix atteint un sommet, puis commence à baisser. Cette baisse crée la première partie de la coupe, qui ressemble à un creux arrondi dans le graphique des prix. La profondeur de la coupe peut varier, mais elle est généralement comprise entre 10 % et 30 % de la hausse précédente.

2. Point bas de la coupe : Après avoir formé la première partie de la coupe, le prix atteint un point bas, puis commence à remonter. Ce point bas est généralement plus bas que le sommet précédent, mais il ne doit pas descendre en dessous d'un niveau de support majeur. Une fois le point bas atteint, le prix entame une nouvelle phase de hausse.

3. Formation de l'anse : La hausse après le point bas forme la deuxième partie de la coupe, qui est appelée l'anse. L'anse est une hausse progressive et régulière du prix, formant une ligne de résistance légèrement inclinée vers le bas. Cette ligne relie les sommets formés pendant la phase de hausse de l'anse. La forme générale de l'anse est similaire à celle d'une ligne de tendance baissière.

4. Cassure de la résistance : Une fois que l'anse est formée, le prix doit dépasser la ligne de résistance, ce qui confirme la validation de la figure. La cassure de la résistance est généralement accompagnée d'un volume de transactions plus élevé, ce qui renforce le signal haussier.

5. Objectif de prix : Pour déterminer l'objectif de prix potentiel, vous pouvez mesurer la distance verticale entre le point bas de la coupe et la ligne de résistance. Ensuite, cette distance est projetée à partir du point de cassure de la résistance. Cela donne une estimation approximative de la hausse potentielle après la cassure.

Il est important de noter que la figure "Tasses avec anse" n'est pas une science exacte, et il est nécessaire d'utiliser d'autres indicateurs techniques et de confirmer les signaux avant de prendre des décisions de trading. Il est recommandé de combiner l'analyse chartiste avec d'autres méthodes d'analyse technique pour obtenir une vision plus complète du marché

Comment trader avec des figure chartiste

Lorsque vous souhaitez trader en utilisant des modèles de trading, l'objectif principal est de tirer profit des cassures que ces modèles peuvent entraîner. Pour ce faire, vous pouvez suivre les étapes suivantes :

1. Confirmation du mouvement : Avant d'ouvrir une position, il est essentiel de confirmer le mouvement attendu. Analysez attentivement le modèle en question et recherchez des signaux supplémentaires qui soutiennent votre décision. Par exemple, si vous identifiez un modèle de retournement haussier, recherchez des indicateurs techniques, des niveaux de support et d'autres facteurs qui renforcent l'idée que le marché va effectivement augmenter.

2. Placement d'un stop loss : La gestion des risques est cruciale lors du trading de modèles. Placez un ordre stop loss pour limiter vos pertes en cas de mouvement contraire à vos attentes. En déterminant un niveau de stop loss approprié, tenez compte de la volatilité du marché et de la taille de votre position. Assurez-vous que votre stop loss est suffisamment éloigné pour éviter d'être déclenché par des fluctuations mineures, mais également assez proche pour protéger votre capital en cas de retournement majeur.

3. Définition de votre objectif de profit : Avant d'ouvrir une position, déterminez votre objectif de profit. Identifiez des niveaux de résistance clés, des objectifs de prix antérieurs ou d'autres signaux techniques qui pourraient indiquer où le marché pourrait atteindre un niveau de surachat. Cela vous permettra de fixer un objectif réaliste et de prendre des bénéfices lorsque le marché atteint cette cible.

Il est important de noter qu'aucun modèle de trading n'est infaillible. Les marchés financiers sont imprévisibles et les modèles peuvent échouer. Par conséquent, une gestion prudente des risques et une analyse approfondie sont essentielles pour réussir dans le trading basé sur des modèles.

Confirmation d'un modèle de trading

Pour confirmer la validité d'un modèle de trading, il existe différentes approches que vous pouvez adopter. Voici quelques méthodes couramment utilisées :

1. Attente et observation : Une approche simple consiste à ne rien faire immédiatement après avoir identifié un modèle. Prenez le temps d'observer les mouvements du marché pendant une ou deux séances pour voir si les prévisions du modèle se concrétisent. Si vous constatez que les prix évoluent conformément au modèle, vous pouvez ouvrir votre transaction en limitant ainsi les pertes potentielles. En revanche, si le marché ne suit pas le schéma prévu, vous évitez ainsi des pertes.

2. Analyse des chandeliers : Prenons l'exemple d'un modèle de drapeau haussier où le marché a franchi une ligne de résistance. Au lieu de trader instantanément, vous pouvez attendre quelques bougies. Si ces bougies sont vertes, cela renforce la probabilité qu'une tendance haussière soit en cours. L'analyse des chandeliers peut fournir des indications supplémentaires sur la direction future des prix.

3. Utilisation d'indicateurs techniques : En complément de l'analyse des modèles, vous pouvez utiliser des indicateurs techniques pour confirmer les tendances. Par exemple, si un modèle suggère une cassure au-delà d'un niveau de support ou de résistance, vous pouvez consulter l'historique des prix ou utiliser des indicateurs tels que les moyennes mobiles, les oscillateurs ou les bandes de Bollinger pour vérifier la solidité de cette cassure.

En combinant plusieurs méthodes de confirmation, vous renforcez votre gestion des risques et améliorez votre capacité à identifier des opportunités de trading rentables. Il est important de noter que même avec une confirmation solide, il existe toujours un risque de perte dans le trading, il est donc essentiel de gérer vos risques de manière appropriée.

Détermination de votre stop-loss

Même si vous êtes convaincu qu'une tendance est sur le point de se développer, il est essentiel de définir un ordre stop-loss lors de l'ouverture de votre position. Un ordre stop-loss ferme automatiquement votre position si le marché évolue défavorablement au-delà d'un certain nombre de points prédéterminé, limitant ainsi vos pertes potentielles.

Une approche recommandée consiste à définir votre ordre stop-loss au niveau où il devient évident que le modèle a échoué. La méthode à suivre dépendra de la nature de la formation, qu'il s'agisse d'une tendance haussière ou baissière.

Dans le cas des tendances baissières, vous pouvez placer votre ordre stop-loss juste au-dessus du sommet précédent du marché. Si le marché atteint de nouveaux sommets, cela indique que la tendance à la baisse anticipée ne se matérialise pas.

Pour les modèles haussiers, la démarche est inverse. Vous pouvez définir votre ordre stop-loss en dessous du creux significatif précédent. Cela vous permet de sortir de la position si le marché se retourne brusquement.

Prenons l'exemple d'un modèle de drapeau haussier. Dans ce cas, vous pouvez placer votre ordre stop-loss à proximité de la ligne de support de la configuration, de manière à limiter les pertes si la cassure échoue.

La détermination d'un stop-loss approprié est cruciale pour gérer efficacement les risques lors du trading de modèles. Assurez-vous de prendre en compte la volatilité du marché, la taille de votre position et vos objectifs de gestion des risques globaux.

Détermination d'un objectif de profit

La dernière étape consiste à déterminer un objectif de profit pour votre position. Cela vous aide à décider où placer votre ordre de take profit et vous permet également de calculer le rapport risque-récompense de l'opportunité.

Les traders utilisent souvent l'amplitude du modèle initial comme référence pour estimer l'ampleur de la tendance à venir. Par exemple, si notre modèle de drapeau haussier présente une différence de 50 points entre ses lignes de support et de résistance, nous pourrions fixer notre ordre de take profit à 50 points au-dessus de la résistance.

Si notre ordre stop-loss est défini à une distance inférieure de 25 points, nous obtenons alors un rapport risque-récompense de 1:2 pour la position. Cela signifie que le potentiel de gain est deux fois supérieur au risque encouru.

Il est important de trouver un équilibre entre un objectif de profit réaliste et un ratio risque-récompense approprié. Un ratio risque-récompense plus élevé peut être préférable, car il vous permet de réaliser des bénéfices plus importants par rapport aux pertes potentielles. Cependant, il est également essentiel de prendre en compte la probabilité de succès du modèle et la volatilité du marché.

En fin de compte, le choix de l'objectif de profit dépendra de votre stratégie de trading, de votre tolérance au risque et de votre analyse des conditions du marché.

Modèles de graphiques de trading résumés

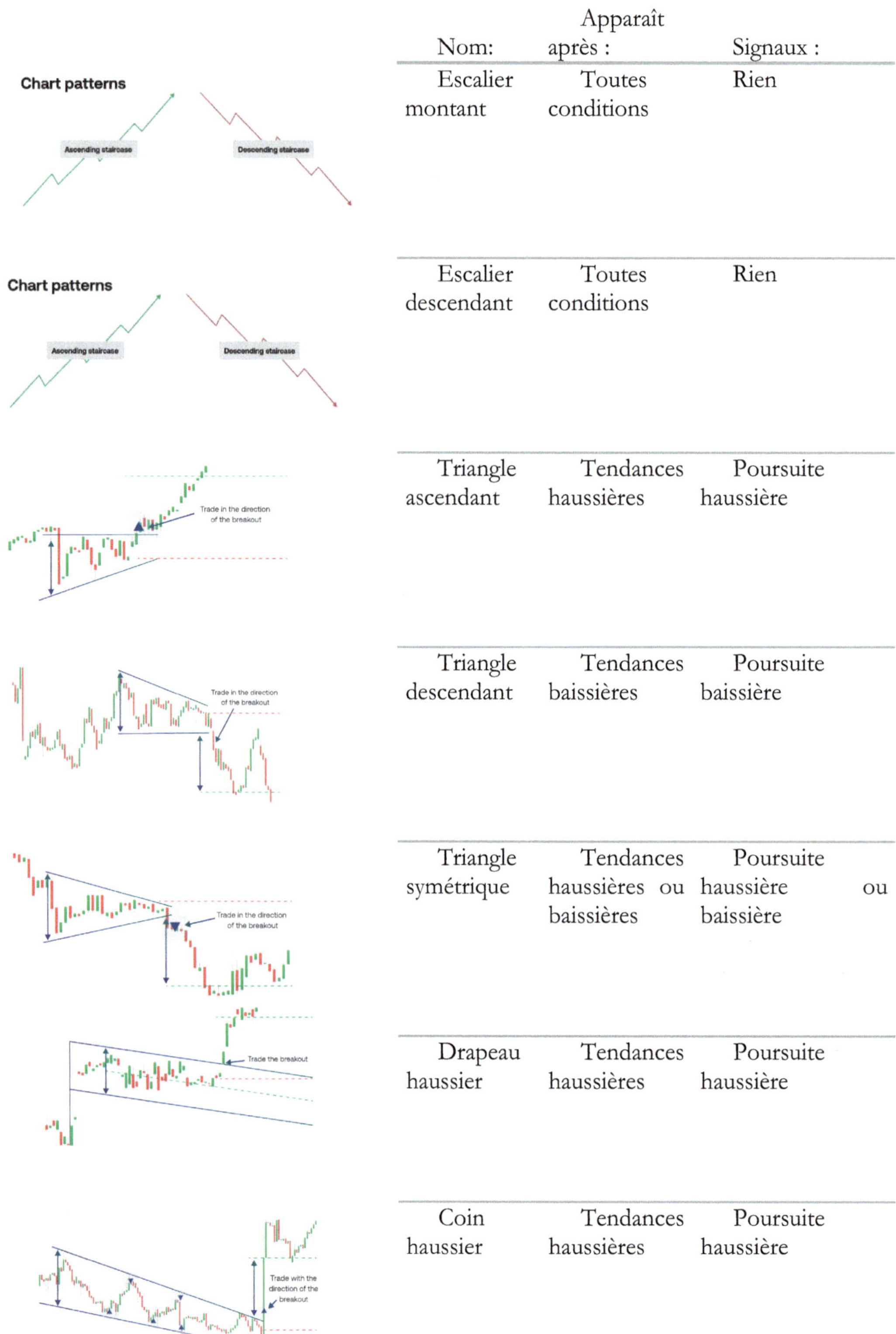

Nom:	Apparaît après :	Signaux :
Escalier montant	Toutes conditions	Rien
Escalier descendant	Toutes conditions	Rien
Triangle ascendant	Tendances haussières	Poursuite haussière
Triangle descendant	Tendances baissières	Poursuite baissière
Triangle symétrique	Tendances haussières ou baissières	Poursuite haussière ou baissière
Drapeau haussier	Tendances haussières	Poursuite haussière
Coin haussier	Tendances haussières	Poursuite haussière

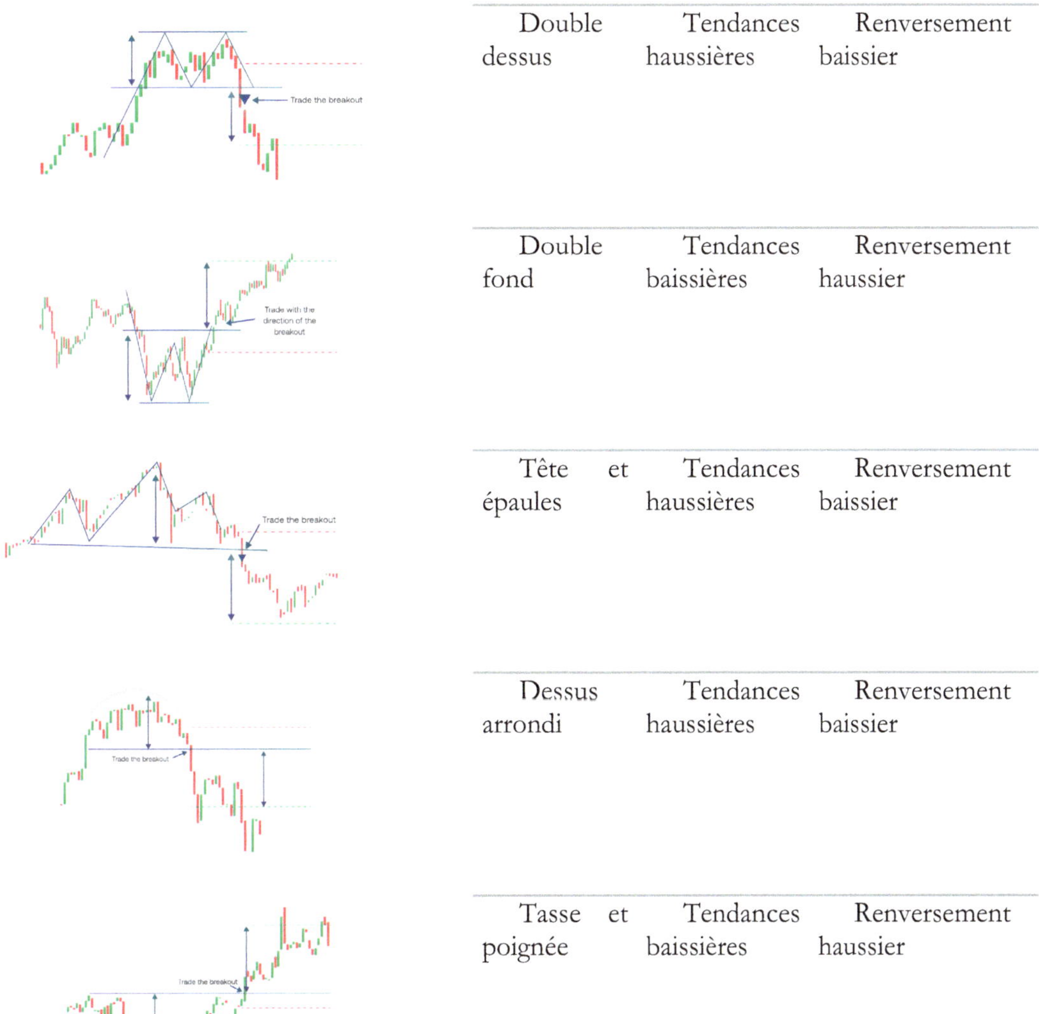

Double dessus	Tendances haussières	Renversement baissier
Double fond	Tendances baissières	Renversement haussier
Tête et épaules	Tendances haussières	Renversement baissier
Dessus arrondi	Tendances haussières	Renversement baissier
Tasse et poignée	Tendances baissières	Renversement haussier

8 LEXIQUE DES TERMES COURANTS UTILISÉS SUR LES MARCHÉS FINANCIERS

A

Analyse fondamentale : analyse d'un titre, d'un secteur industriel ou de l'ensemble du marché, qui repose sur l'étude du contexte économique. Pour une action, cela sera l'analyse des bénéfices, actifs, dividendes, projets en cours, etc. Pour une matière première, l'analyse portera plus vers l'offre et la demande actuelles et attendues dans le futur. Dans la plupart des cas, la situation économique locale ou globale a un impact sur le produit analysé.

Analyse technique : analyse d'un titre ou de l'ensemble du marché qui repose exclusivement sur l'analyse des données relatives à leur comportement antérieur, aux changements de prix, aux volumes de transactions, etc.

Appel de marge : si les variations de prix sont défavorables au trader, la chambre de compensation va puiser sur son compte. Chaque jour le courtier ajuste l'appel de marge en fonction des pertes et profits par rapport au jour précédent. Si le compte n'est pas suffisamment approvisionné dans le délai requis, la position du trader est liquidée.

Arbitrage : opération qui consiste à acheter et vendre simultanément une même ou équivalente marchandise ou un même instrument financier visant à tirer profit de décalages anormaux de cours (par exemple, vente de contrats Dax et achat de quantité équivalente de contrats Cac).

B

Bearish : terme utilisé pour décrire un sentiment de déclin du marché.

Bullish : terme utilisé pour décrire un sentiment de marché haussier.

C

Call : option d'achat. Voir Option.

Chambre de compensation : cet organisme associé à la Bourse réalise la balance des transactions entre les longs (acheteurs) et les courts (vendeurs). La chambre s'interpose entre les vendeurs et les acheteurs en prenant une position opposée à eux : elle est longue face aux courts et courte face aux longs. Comme le nombre de positions longues est égal aux courtes, la position nette de la chambre de compensation est toujours nulle. Après chaque séance, elle établit un cours de compensation (prix de clôture) qu'elle fixe en prenant la moyenne des derniers prix pratiqués. Ce cours servira de référence pour le calcul des sommes qu'elle puisera dans les comptes des perdants pour les verser ensuite sur les comptes des gagnants.

Chartiste : celui qui utilise les graphes, pour se faire une opinion sur les tendances de marchés.

Clôture : dernières minutes d'une séance de marché. Elles servent à fixer le prix de clôture d'un contrat à terme.

Contrats à terme : un contrat à terme est un accord passé entre l'acheteur ou le vendeur du contrat, d'un côté, et un marché à terme de l'autre, dans lequel l'acheteur ou le vendeur accepte de livrer ou de prendre livraison du montant spécifique d'un instrument ou d'une matière première à un prix spécifique et à un moment donné. Tous les contrats à terme sont des contrats négociés sur un marché à terme et ils sont standardisés en termes de date de livraison, du montant du « sous-jacent » afférent et des termes du contrat. On peut également acheter ou vendre librement des contrats à terme avant l'expiration du contrat. Quand un investisseur achète un contrat à terme, on dit qu'il a une position longue dans ce contrat à terme. Acheter un contrat à terme engage à acheter le sous-jacent à une date ultérieure.

Courbe des cours : représentation graphique des prix, utilisée par les « chartistes » pour prévoir les tendances de marchés. La courbe des cours représente uniquement les cours de clôture ou leur moyenne pour une période donnée. Plus la période étudiée est longue, plus les intervalles sont grands. Voir aussi Histogramme.

Cours de compensation : prix de clôture fixé par la chambre de compensation après une séance de marché.

Court : terme utilisé pour décrire la position d'un opérateur sur un marché. Un opérateur qui vend un contrat à terme est court. « Être court » correspond à un risque spéculatif de hausse de prix. Il est gagnant si le prix baisse mais il est perdant si le prix monte. La situation de l'opérateur long est symétrique.

Courtier ou broker : opérateur à la corbeille dont le travail consiste à passer des ordres d'achat ou de vente pour les hedgers ou les spéculateurs. Certains courtiers ne travaillent pas que pour une entreprise, d'autres travaillent pour plusieurs clients. Dans le premier cas, il s'agit souvent de firmes de négoce ou de banques, dans le second de firmes de courtage.

D

Day trader : spéculateur qui prend des positions et les liquide dans la même journée, restant sans risque spéculatif jusqu'à la prochaine séance de Bourse.

Day-to-day trader : spéculateur qui détient des positions sur plusieurs jours. Grâce à une assise financière solide, ce spéculateur est capable d'absorber les fluctuations défavorables à court terme (payer les appels de marge) et de tenir une position jusqu'au terme du contrat.

Demande : prix demandé par l'acheteur ou prix d'achat. Voir aussi Offre.

E

Effet de levier : la marge initiale que doit verser un spéculateur pour prendre position sur un contrat à terme ne représente que 5 à 10 % de la valeur du contrat, d'où l'effet de levier des transactions à terme. L'effet de levier donne d'ailleurs au marché une image de haut risque. En fait, les fluctuations de prix des contrats ne sont pas plus volatiles que celles d'autres marchés compétitifs. Mais avec un même capital, le système de marge permet de prendre une position quantitativement plus importante que sur un marché où il est nécessaire de financer l'intégralité de la valeur du produit. Une variation de prix de 1 % d'un contrat donnera un bénéfice ou une perte de 20 % pour une marge initiale de 5 % (effet de levier de 1/20), et respectivement un bénéfice ou une perte de 10 % pour une marge initiale de 10 % (effet de levier de 1/10).

F

Forex ou FX (abréviation de Foreign Exchange) En français : échange de devises étrangères, communément appelé « marché des changes ». Ce marché n'est pas organisé en Bourse et n'est pas réglementé. Les devises s'échangent hors Bourse entre banques et courtiers 24 heures sur 24. Les transactions se font au comptant ou sur le différé. Les devises Principalement échangées sont le dollar américain, l'euro, le franc suisse, le yen japonais et la livre anglaise, toujours l'une par rapport à l'autre. Les échanges internationaux et les risques de change associés expliquent le dynamisme de ce marché. Tous les jours, ce marché cote les principaux taux de change au comptant et en différé de 30, 90, et 180 jours. La relation entre taux de change au comptant et le taux différé est souvent expliquée par la théorie des parités des taux d'intérêts. Le taux de change à terme est lié aux taux d'intérêts pratiqués dans les deux pays concernés.

Forward, contrat : contrat à terme de gré à gré passé directement entre deux parties qui s'entendent d'acheter ou de vendre hors Bourse un produit spécifié pour une livraison différée. Il est différent d'un contrat à terme qui se conclut par l'intermédiaire d'une chambre de compensation. Les clauses d'un contrat forward sont fixées entre l'acheteur et le vendeur alors que les Bourses définissent les clauses des contrats à terme. Finance comportementale : application de la psychologie à l'économie, autrement dit, l'économie comportementale (EC). Si bien que ces deux domaines peuvent être regroupés. La finance comportementale cherche à détecter les travers et anomalies de marché, et si possible à les utiliser dans les stratégies d'investissement ou de trading.

H

Haussier : terme utilisé pour décrire un sentiment de hausse du marché.

Hedge : action qui consiste à prendre une position inverse à celle déjà engagée pour diminuer le risque et se couvrir en totalité.

Histogramme : représentation graphique des prix, du volume et de la taille du marché utilisée par les « chartistes » pour prévoir les tendances de marchés. L'histogramme indique les cours extrêmes atteints dans une période donnée, ainsi que le cours de clôture. En comparaison de la courbe des cours, l'histogramme contient davantage d'informations. Il indique si une certaine cote a été atteinte dans un espace de temps donné, ainsi que le degré de volatilité des cours. Un histogramme quotidien reproduit le cours le plus haut et le plus bas ainsi que le prix de clôture d'une journée.

Hors Bourse (over the counter) : les transactions sur le marché interbancaire des devises (Forex) n'ont lieu dans aucune Bourse mais chez toute banque ou chez tout courtier qui négocie des devises pour son propre compte. Les transactions ont lieu alors hors Bourse et la banque ou le courtier agit en tant que teneur de marché puisqu'il fait le marché. Si les contrats à terme s'échangent en principe sur un marché à terme organisé par une Bourse, ceux-ci peuvent aussi bien se négocier en dehors du cadre d'une Bourse chez un teneur de marché (sauf aux États-Unis où cette pratique est interdite si le produit est coté en Bourse). Les contrats hors Bourse ne bénéficient pas de la même protection. Voir Teneur de marché.

L

Limite maximale : voir Variation limite.

Long : terme utilisé pour décrire la position d'un opérateur sur un marché. Un opérateur qui achète un contrat à terme est long. Être long correspond à un risque spéculatif de baisse de prix. Il est gagnant si le prix monte mais il est perdant si le prix baisse. La situation de l'opérateur court est symétrique.

M

Marché au comptant ou Marché physique : sur ce marché, appelé aussi marché cash ou marché spot, l'objet de la transaction est échangé physiquement contre de la monnaie, moyen de paiement dont le volume représente la valeur d'utilisation du produit. Le prix est défini à l'issue de la négociation entre l'acheteur et le vendeur. Ceux-ci s'échangent le titre de propriété contre la somme convenue. Le produit est en général disponible sur la place de marché mais parfois, pour plus de commodité, l'estimation se fait à l'aide d'un échantillon représentatif ou d'un descriptif détaillé de ses caractéristiques.

Marché à livraison différée ou cash forward market (angl.) : l'imbrication des activités économiques nécessite la prise en compte du temps des échanges. Il apparaît tout d'abord utile aux opérateurs de négocier les termes de l'échange avant de le réaliser. En effet, en dehors du prix, les contrats doivent préciser les nombreux éléments techniques comme les moyens de transport, la qualité requise, les modalités de paiement et surtout les procédures à suivre en cas de litige. Par ailleurs, et pour des raisons de risque, certains producteurs ne se décident à lancer des fabrications qu'avec l'assurance de débouchés précis. Les contrats à livraison différée répondent à ces attentes. Ils constituent un moyen de coordination des opérateurs en séparant dans le temps la négociation commerciale de la livraison physique du produit. La construction d'une maison et le marché interbancaire des devises sont des exemples de marchés à livraison différée.

Marché à terme ou futures market : évolution du marché au comptant et à livraison différée qui consiste à multiplier les opérateurs en standardisant les contrats et en définissant des règles simplifiées d'échange. Tout le monde est capable de prendre une position sur le marché, acheteur ou vendeur. La négociation porte sur des échanges futurs de produit dont le prix fluctue dans le temps. Certains gagnent de l'argent tandis que d'autres perdent. Les spéculateurs et investisseurs, petits ou importants, ainsi que les professionnels du produit sont intéressés par ce type de marché, bien organisé.

Marché des changes : voir Forex.

Marge initiale ou Marge de garantie : pour chaque contrat engagé, l'opérateur, vendeur ou acheteur, doit déposer une « marge initiale » sur son compte. Son montant est variable suivant les Bourses mais il reste voisin de 10 % de la valeur du contrat. Cet argent est bloqué sur le compte mais, dans certaines circonstances, il peut être placé dans des titres financiers à court terme.

Marge minimale : après avoir déposé la « marge initiale », l'opérateur est tenu de conserver une somme minimale sur son compte, appelée « marge minimale ». Cette marge correspond à peu près aux trois quarts de la marge initiale. Si les variations de prix sont défavorables, la chambre de compensation va puiser la somme perdue sur le compte de l'opérateur. Le niveau du compte diminue alors et peut passer en dessous de la valeur de la marge minimale. Dans ce cas, le perdant reçoit un « appel de marge ».

Mois de contrat ou Mois de livraison : les contrats à terme sont livrables selon des échéances définies par la Bourse où ils s'échangent. Certains contrats sont cotés pour chaque mois de l'année et sur 30 ans comme le pétrole brut traité à la Bourse de New York, soit 360 mois de cotation, d'autres sont cotés seulement quatre mois par année comme les bons du Trésor américain traités à Chicago.

Momentum : comme le RSI, le momentum mesure l'évolution des cours pendant une période donnée. À la différence du RSI – rapport entre les hausses des cours et l'ensemble des fluctuations –, le momentum permet d'analyser uniquement les variations du cours entre le début et la fin de la période étudiée. Plus la période étudiée est grande, plus les fluctuations quotidiennes ont tendance à disparaître. Lorsque le momentum se situe au-dessus de zéro ou que sa courbe est ascendante, il indique une tendance à la hausse. Un signal d'achat est donné aussitôt que le momentum dépasse zéro, et lorsqu'il descend au-dessous, il déclenche un signal de vente.

Moyenne mobile : analyse technique sur graphique basée sur la moyenne des prix de clôture d'un marché. Par exemple, une moyenne mobile de dix jours est représentée par une courbe des cours dessinée chaque jour d'activité de marché par le calcul de la moyenne des prix des dix derniers jours. Plus la période étudiée est longue, plus l'amplitude de la courbe de la moyenne mobile est faible. Des règles simples permettent de reconnaître les tendances et les revirements de tendances. Par exemple, si une moyenne mobile courte se situe au-dessus d'une moyenne mobile plus longue, la tendance à la hausse est confirmée. Par contre, si elle coupe la moyenne mobile longue par le haut, elle indique un revirement de tendance, donnant ainsi un signal de vente. La fiabilité des moyennes mobiles dépend fortement des périodes choisies. Selon les conditions du marché, ce sont les périodes plus courtes ou les périodes plus longues qui présentent les meilleurs résultats. Lorsqu'une combinaison idéale des moyennes mobiles est retenue, les résultats sont comparativement bons. L'inconvénient est que les signaux d'achat et de vente sont indiqués relativement tard, soit nettement après que les cours maximums et minimums ont été atteints.

O

Offre : prix offert par le vendeur ou prix de vente. Voir aussi Demande.

Opérateur : la diversité des participants est l'un des facteurs de compétitivité du marché à terme. Il est d'usage de différencier les opérateurs à terme qui ont une position sur le marché physique, appelés professionnels (ou hedgers), de ceux qui n'y ont pas d'intérêt, les spéculateurs. Il n'existe pas de séparation théorique claire entre les deux groupes, mais cette dichotomie a une importance dans la mesure où elle induit souvent des règlements particuliers pour chaque groupe. L'activité des spéculateurs subit plus de contraintes que celle des hedgers. Quelle que soit leur motivation, il importe de distinguer les opérateurs à la corbeille, autorisés à réaliser directement des transactions, des opérateurs extérieurs.

1. Les opérateurs à la corbeille : les négociateurs présents à la corbeille travaillent soit pour leur propre compte, ce sont des spéculateurs professionnels, soit pour le compte d'opérateurs extérieurs, ce sont des courtiers.

2. Les opérateurs extérieurs : ces opérateurs participent au marché par

l'intermédiaire des courtiers, membres de la Bourse. Ils sont à l'origine de la majorité des ordres d'achat et de vente. Ce sont les petits spéculateurs et les hedgers.

Option (put ou call) : une option est un droit et non une obligation de réaliser une transaction sur un produit à un prix donné, appelé prix d'exercice, et sur une période donnée. La valeur d'une option vendue par un opérateur et achetée par un autre, c'est son prix appelé encore « prime ». Le montant de la prime est déterminé par la confrontation de l'offre et de la demande sur un marché organisé. Il existe deux types d'option, l'option d'achat (dite call) et l'option de vente (dite put). Au total, il y a donc quatre positions possibles : « long » et « court » sur l'option d'achat, « long » et « court » sur l'option de vente. À la création du contrat d'option, l'acheteur paie la prime au vendeur. Le premier a alors l'opportunité « d'exercer » son option à tout instant, c'est-à-dire de demander au vendeur de lui fournir la marchandise si c'est une option d'achat, ou de lui prendre la marchandise si c'est une option de vente. En règle générale, les options sont rarement exercées ; elles sont plutôt revendues sur le marché où elles ont plus de valeur. Les produits qui servent de support aux options peuvent être des actions mobilières, des produits physiques (métaux, produits agricoles, énergie), des devises (dollar, euro, yen), des instruments financiers ou encore des contrats à terme sur ces mêmes produits.

Ordre Prix de marché : ordre qui demande au courtier d'acheter ou de vendre immédiatement au meilleur cours possible. On l'appelle aussi ordre « au mieux » ou ordre « au marché ».

Ordre Prix limite : ordre qui émane d'un opérateur moins pressé qui fixe le niveau de prix auquel l'achat ou la vente doit être réalisé. Si l'activité de marché va à l'encontre de la valeur limite, le courtier ne pourra pas l'exécuter. Ce type d'ordre est utilisé pour initialiser une position à un prix jugé favorable.

Ordre de limitation de perte ou Ordre d'arrêt ou Ordre stop : il devient un ordre d'achat au prix de marché si les cours montent jusqu'à une limite fixée, et un ordre de vente si les cours descendent à une seconde limite. Ce type d'ordre est utilisé pour sortir d'une position en limitant les pertes ou pour prendre un bénéfice sur une position ouverte.

Ordre d'écart : il se place non plus sur un niveau de prix mais sur une différence. Le spéculateur place un ordre d'achat d'écart s'il pense que la différence de prix entre deux échéances est trop grande et qu'elle va diminuer. À l'inverse, il place un ordre de vente d'écart lorsqu'il juge la différence trop petite en espérant son augmentation.

Oscillateur : analyse technique sur graphique basée sur les moyennes mobiles. Comme nous l'avons mentionné dans notre définition de la moyenne mobile, les points d'intersection des moyennes mobiles donnent des signaux relativement fiables, mais tardifs. Par contre, les variations de l'écart entre les moyennes mobiles se manifestent beaucoup plus tôt. L'oscillateur mesure l'écart entre deux moyennes mobiles.

Ouverture : le début d'une séance de marché.

P

Pip : variation minimale de prix en hausse ou en baisse pour une devise sur le marché du forex. On l'appelle aussi « point ». Par exemple quand le dollar passe de 1,3910 à 1,39 contre l'euro, il perd 10 pips.

Position (à terme) : ensemble de contrats à terme détenus par un opérateur sur un marché. Une position est dite « longue » quand l'opérateur a acheté des contrats et qu'il supporte en conséquence un risque spéculatif à la baisse. Une position est dite « courte » quand l'opérateur a vendu des contrats et qu'il supporte en conséquence un risque spéculatif à la hausse. L'ensemble des positions ouvertes de tous les participants au marché détermine la taille du marché.

Positions limites : les Bourses imposent des positions limites de transaction. Ces règles ne s'appliquent qu'aux opérateurs administrativement rangés dans la catégorie des spéculateurs. Il s'agit de limiter le nombre de contrats détenus par un même opérateur pour éviter que celui-ci ne prenne une position dominante et ne puisse manipuler les prix. Les opérateurs qui détiennent une large position d'acheteur ou de vendeur doivent de plus en faire la déclaration auprès de la Bourse.

Prix de clôture : prix du produit à la fin de la séance de Bourse.

Put : option de vente. Voir Option.

R

Relative Strength Index ou RSI : le Relative Strengh Index indique si un marché est suracheté ou survendu. « Suracheté » signale une tendance du marché à la hausse, du fait que les opérateurs achètent un produit dans la perspective d'autres gains de cours. Tôt ou tard interviendra une saturation parce que les opérateurs ont déjà créé des positions longues, qu'ils font

preuve de retenue dans leurs achats complémentaires et tendent à réaliser un gain. Les gains réalisés peuvent très rapidement amener un revirement de tendance ou du moins une consolidation. « Survendu » indique que le marché présente les conditions d'une tendance à la baisse, du fait que les opérateurs vendent un produit dans l'attente d'autres replis des cours. Avec le temps interviendra une saturation parce que les opérateurs ont créé des positions courtes, restreignent leurs ventes et tentent de compenser les positions courtes par des gains. Cela peut amener rapidement un revirement de tendance. On ne peut déterminer directement si le marché est suracheté ou survendu. Cela supposerait que l'on ait connaissance des positions de tous les opérateurs. Par contre, l'expérience montre que seuls des achats spéculatifs, qui amènent une situation surachetée, rendent possible une hausse très rapide des cours. Le RSI est une indication numérique des fluctuations de cours pendant une période donnée ; il est exprimé en pour-cent. Un RSI de 30 % à 70 % est considéré comme neutre. Inférieur à 25 %, il indique un marché survendu. Supérieur à 75 %, il indique un marché suracheté. Le RSI ne devrait jamais être considéré isolément. En outre, son interprétation dépend largement de la période étudiée. Voir aussi l'analyse momentum.

Roll over : renouvellement d'une position ouverte. Il est effectué avant la livraison par la fermeture de la position en cours et la réouverture instantanée de celle-ci pour une autre échéance de livraison.

S

Salle des marchés : lieu d'une Bourse où sont réunies une ou plusieurs corbeilles. Chez un courtier ou une banque, la salle des marchés peut être aussi la pièce où les ordres de la clientèle sont traités (réception, exécution, confirmation).

Scalper : les scalpers ne conservent une position d'achat ou de vente que quelques minutes, voire quelques secondes. Ils sont toujours prêts à acheter un échelon de cotation en dessous du prix de marché ou bien à vendre un échelon au-dessus. Ils essaient de dénouer rapidement leur position au prix de marché, bénéficiant ainsi d'une très faible différence de prix. Les gains ne sont pas automatiques et le scalper doit savoir éviter d'être pris dans un mouvement contraire à sa position.

Séance de Bourse ou Séance de marché : période d'activité pendant laquelle un marché à terme est ouvert aux transactions (souvent une séance de journée).

Spéculateur/Hedger : le spéculateur, comme le hedger, est un individu qui gère son portefeuille d'actifs. Il est souvent considéré comme un opérateur qui cherche le rendement et le risque. Il se peut que, dans le cas général, cette hypothèse soit exacte, mais il est également certain que des spéculateurs prennent des positions à terme afin de réduire leur risque total de portefeuille. La motivation du spéculateur est multiforme. Tout d'abord, une spéculation menée avec succès permet de multiplier un capital modeste. Cet espoir draine un grand nombre d'individus vers les marchés à terme. Le contrat à terme attire le spéculateur par son effet de levier. L'espérance d'un rendement élevé est un premier point tandis que le second est relatif à l'attraction de jeu. Les opérateurs spéculent sur les marchés à terme comme d'autres parient sur des chevaux ou jouent à la loterie. Le jeu est l'élément fondamental du comportement humain et le marché est un moyen de satisfaction très attractif. Les règles sont simples, l'accès est facilité par les firmes de courtage, ouverture de compte, exécution rapide d'un ordre d'achat ou de vente. L'information est publique et les produits négociés sont concrets. Finalement, le contrat à terme (ou l'option) représente un moyen de spéculation privilégié pour les individus. On distingue deux sortes de spéculateurs en Bourse :

1. Spéculateurs professionnels : ils prennent des positions uniquement pour leur compte. En tant que membre de la Bourse, ils paient des droits de transaction plus faibles que ceux payés par les opérateurs extérieurs. On a l'habitude de classer ces spéculateurs en trois groupes d'après la durée de détention des contrats. Ils sont appelés aussi scalpers, day trader et day-to-day trader. Ils apportent une grande liquidité au marché et participent activement à la formation

des prix en traitant rapidement et judicieusement toute l'information disponible.

2. Les petits spéculateurs : ces opérateurs participent au marché par l'intermédiaire des courtiers, membres de la Bourse. Ils sont à l'origine de la majorité des ordres d'achat et de vente. La diversité de leurs origines sociales est grande comme leur dispersion géographique. Ils interviennent sur le marché par l'intermédiaire de firmes de courtage. Celles-ci jouent un rôle important tant dans la recherche de nouveaux spéculateurs que dans la diffusion d'informations et même parfois dans les prises de décision des individus. Certaines grandes firmes disposent de moyens de prévision sophistiqués et conseillent de larges groupes de spéculateurs.

Spéculation :

1. Son principe. La spéculation à la hausse consiste à acheter un bien dont la valeur doit s'apprécier dans le temps. L'opérateur espère réaliser un profit en revendant le bien à un prix supérieur au prix d'achat. La spéculation à la baisse consiste, à l'inverse, à vendre le bien s'il doit se déprécier. L'opérateur espère alors réaliser un profit en rachetant le bien à un prix inférieur à son prix de vente. Un profit spéculatif peut donc être réalisé lorsque les prix sont en hausse ou en baisse à condition de bien anticiper la fluctuation de prix et prendre la bonne position, acheteur ou vendeur. Prendre une position longue, c'est-à-dire acheter un contrat, n'implique que le dépôt de la marge de garantie. En général, le spéculateur revendra son contrat avant qu'il n'arrive à maturité en réalisant un profit positif ou négatif indépendant des coûts de stockage physique de produit. En ce qui concerne les frais de courtage, le volume important des transactions permet de les minimiser et de les garder à un faible niveau. Les contrats à terme constituent ainsi d'excellents outils spéculatifs. Comme l'ont montré une série d'études aux États-Unis, il y a globalement autant de spéculateurs gagnants que de perdants. Après la prise en compte des frais de courtage, le nombre de spéculateurs perdants devient supérieur à celui des gagnants. Cette perte d'argent systématique des spéculateurs implique une rotation continuelle d'opérateurs qui sortent du marché après une perte financière et d'opérateurs qui entrent avec l'espoir de réaliser des gains.

2. La prévision des prix. Le profit réalisé sur une opération spéculative est directement lié à la qualité de la prévision sur l'évolution des prix. Deux types d'analyse sont fréquemment utilisés par les opérateurs pour prévoir la fluctuation des prix. L'approche « fondamentale » est basée sur l'hypothèse suivant laquelle les prix peuvent être prédits à partir d'une analyse de la demande et de l'offre futures du produit considéré. L'approche « technique » fournit des prévisions à partir de l'analyse du comportement présent et passé des prix. Cette seconde approche, empirique, utilise parfois des méthodes de traitement de données, mais aussi, et plus simplement des graphes (charts en anglais). Elle est donc souvent appelée analyse chartiste.

Stochastique : le stochastique (« le » et non « la » car il s'agit d'un indicateur) est aussi un indicateur borné entre 0 et 100. Comme le RSI, il détermine les périodes de surachat ou de survente du titre. Cet indicateur avec les moyennes mobiles est très utilisé dans les salles de marché. Il a été inventé par George Lane.

T

Taille du marché ou Open interest : nombre de contrats détenus par les opérateurs, c'est-à-dire leurs engagements à vendre ou à acheter.

Teneur de marché ou Market maker : le teneur de marché est un négociant qui achète et vend hors Bourse des devises ou des valeurs mobilières, c'est-à-dire qu'il ne passe pas par une Bourse pour exécuter les ordres de la clientèle. Il offre un prix de vente et un prix d'achat à l'opérateur qui souhaite acheter ou vendre une devise ou une valeur mobilière, et prend en contrepartie dans ses livres la position longue ou courte de cet opérateur sans passer par le marché au préalable. En conséquence, le teneur de marché prend une position opposée à celle de l'opérateur : elle est longue face aux courts et courte face aux longs. Si l'opérateur gagne de l'argent, il perd d'autant. Comme il a en face de lui des opérateurs longs et des opérateurs courts, il ne s'expose qu'au risque que représente la balance des positions longues et courtes. En prenant en contrepartie les ordres d'achat ou de vente de ses clients, le teneur de marché effectue des transactions hors Bourse. Dans ce cas, aucune chambre de compensation ne vient garantir la bonne fin des opérations puisqu'elle n'intervient que dans le cadre de transactions effectuées en Bourse par l'intermédiaire de courtiers agréés. Cependant, le teneur de marché utilise souvent des courtiers en Bourse pour couvrir son risque en mettant sur le marché tout ou partie de la balance des positions longues et courtes prises en contrepartie.

Tick : variation minimale de prix autorisée en hausse ou en baisse pour un contrat sur le marché à terme.

Trader : négociateur boursier qui travaille soit pour son propre compte en tant que spéculateur professionnel, soit pour le compte d'opérateurs extérieurs comme les courtiers et les hedgers.

V

Valeur mobilière : tout titre négociable comme les rentes, les actions, les obligations, les contrats à terme qui sont en droit des biens meubles (que l'on peut déplacer).

Variation limite ou Variation maximale de prix : les Bourses établissent les variations maximales journalières de fluctuation, en plus ou en moins du cours de compensation de la veille. Cette règle évite au marché des variations brutales éventuelles dues à l'affolement des opérateurs. Les limites maximales peuvent être atteintes pour des raisons économiques pendant plusieurs jours.

Variation minimale de prix : le plus petit écart de prix autorisé en hausse ou en baisse pour un contrat que l'on appelle aussi Tick (marchés à terme) ou Pip (forex).

Volume du marché : nombre de contrats échangés durant une période d'activité du marché (souvent une séance de journée).

À PROPOS DE L'AUTEUR

Jess GD est née le 17 janvier 1986 à Montmagny, une petite ville située dans la province de Québec, au Canada. Dès son plus jeune âge, il a manifesté un grand intérêt pour le domaine financier.

Au fil du temps, Jess GD a développé une passion pour le trading et a décidé de partager ses connaissances avec les autres. Il est devenue affilié et formateur pour une compagnie de trading réputée. Dans ce rôle, il a aidé de nombreux individus à comprendre les bases du trading, à développer des stratégies efficaces et à prendre des décisions éclairées sur les marchés financiers.